AF197078

www.tredition.de

Gerd Peschek

Blickwinkel

www.tredition.de

© 2015 Gerd Peschek

Verlag: tredition GmbH, Hamburg

ISBN
Paperback: 978-3-7323-3422-3
Hardcover: 978-3-7323-3423-0
e-Book: 978-3-7323-3424-7

Printed in Germany

Das Werk, einschließlich seiner Teile, ist urheber-
rechtlich geschützt. Jede Verwertung ist ohne Zu-
stimmung des Verlages und des Autors unzuläs-
sig. Dies gilt insbesondere für die elektronische
oder sonstige Vervielfältigung, Übersetzung,
Verbreitung und öffentliche Zugänglichmachung.

Gerd Peschek

Blickwinkel

Gedichte und Geschichten, einmal realistisch, einmal satirisch, einmal romantisch sind Inhalt dieses Buches. Angeregt durch eine Nachricht, ein Erlebnis oder eine Beobachtung gebe ich hier meine ganz persönlichen Reflexionen wieder je nach Gemütszustand. Die Bandbreite reicht von aggressiv bis mild verzeihend, von feinfühlig bis kräftig und von humorvoll bis ironisch. Leichte Unterhaltung, über die man schmunzeln kann oder auch nachdenken. Gesehen aus meinem ganz speziellen Blickwinkel.

Inhalt

So etwas wie ein Vorwort

Jeder sieht das Gleiche
Jeder empfängt die gleichen Signale

Jeder bewertet das Gesehene anders
Jeder reagiert auf die Signale anders

Jeder sieht es aus seinem Blickwinkel

Diese Subjektivität ist die Farbenpalette
unseres Lebens

Lebenslust

Geboren hier in diese Welt
Nimm dir mit was dir gefällt
Wenn du es dir leisten kannst
Befriedige Lust und fülle den Wanst
Mit stolz geschwellter Menschenbrust
Streben nach dem Lustgewinn
Ist des Lebens tiefer Sinn
Am besten gar nicht selber denken
Lass dich leiten lass dich lenken
Leben ist die reine Lust

Die, die dich aus Lust erschufen
Die haben dich hierher gerufen
Plötzlich bist du auf der Welt
Meistens auf dich allein gestellt
Du hast es nicht entschieden
Du wirst ein Sünder oder Christ
Vielleicht ein trockener Fatalist
Oder einer der es krachen lässt
Den Lustbarkeit gar nicht verlässt
Du musst dich selbst befrieden

Tue das was Freude macht
Freu dich wenn die Seele lacht
Fraß mit Blähung und Zipperlein
Suff mit Kater und kränklich sein
Nach der Freude kommt das Leiden
Nur vom Besten auf den Teller
Immer mehr und immer schneller
Sekt soll brausen aus der Flasche
Gehe nicht in Sack und Asche
Zähl dich einfach zu den Heiden

Lebe freudig mit Promillen
Ja um Himmels willen
Ich hör sie schon die Obergescheiten
Wie sie mich zur Tugend leiten
Und rufen Alkohol ist Sünde
Doch kann es nicht solcher Sünde sein
Denn die Pfaffen saufen auch kräftig rein
Freuden gibt's bei Wein und Bier
Die Fröhlichkeit ist stark in mir
Zum Trinken gibt es tausend Gründe

Wer regt sich hier denn kräftig uff
Die Gesellschaft lebt ganz gut vom Suff
Es ist kein billiges Geschwätze
Bier und Wein sind Arbeitsplätze
Ohne Trunk die Welt wär trister
Nur weil einer keine Freude dran find
Sind nicht alle andern blind
Ein jedem werde das bewusst
Das Schlimmste ist der Lustverlust
Ich hasse die Philister

Vom Essen wird man dick und rund
Was bestens schmeckt ist ungesund
Nur Gesundes ist nirgendwo drin
Ich gebe mich nicht den Schreiern hin
Im Essen ist doch nur noch Gift
Himmelkreuzdonnerwetter, Leben macht Spaß
Von irgendetwas wird man immer nass
Wenn das ewige Leben wäre zu erleben
Nur Keuschheitsengel würd es geben
Was das Fressen und Saufen betrifft

Da das Leben auf alle Fälle endlich ist
Frag ich mich ob man bestens trinkt und isst
Lustvoll die Zeit auf Erden genießt
Keinem anderen das Leben vermiest
Denn irgendwann ist die Uhr abgelaufen
So mancher vermeidet jede Gefahr
Und verlässt die Welt in jungem Jahr
So mancher raucht und säuft mit Macht
Und hat es auf viele Jahre gebracht
Es ist mal schlecht, mal gut gelaufen

Also bin ich hin und her gerissen
Fühle mich so oder so beschissen
Leb ich keusch und ohne Lust
Freß hinein den täglich Frust
In der Hoffnung auf ein langes Leben
Oder leb ich satt in Saus und Braus
Such mir nur das Beste aus
Riskiere kurze Lebensfreude
Denke einfach nur an heute
An Lustgewinn als höchstes Streben

Frag mich keiner nach dem Mittelmaß
Das Maß das ich immer gern vergaß
Denn keiner kann sagen wo die Mitte ist
Ein eigen Maß mit dem man misst
Bestimm ich die Mitte dann ist sie subjektiv
Den Spießern machst du's niemals recht
Die machen selbst das Beste schlecht
Jedenfalls aus meines Lebens Sicht
Den Besserwissern es an Toleranz gebricht
Das Mittelmaß ist immer relativ

Da singt der Christ eine feste Burg
Gottvater ist der Dramaturg
Da singt der Säufer die Flasche
Ist der Halt nach dem ich hasche
Und jeder glaubt an sich
Da singt der Fresser und Gourmet
Champagner gern zu dem Soufflé
Da singt der Lüstling das Weib
Ist Freude für den Unterleib
Und jeder hat doch recht für sich

Leb ich so in Saus und Braus
Hält es der Nachbar nicht mehr aus
Und wird zum Richter über mich
Dann wird es fürchterlich
Wer richtet wen und wer ist Richter
Ich lebe mein Leben ganz individuell
Was stört mich dann nachbarlicher Appell
Ich zeige ganz offen meine Lebensart
Wenn er sich als Vertrockneter offenbart
Es sind des Neides gelbe Gesichter

Wenig Freude haben die Spießer im Leben
Die sich in der Jugend schon aufgegeben
Keine Lust, kein Schnaps und kein Tabak
Lebenslang ein armer Sack
Kein Freudenfeuer umgibt sie rötlich
Jeder wird einmal steif und starr
Ob er gelebt als Heiliger oder Narr
Die ultimative Weisheit ist ganz ehrlich
Das Leben ist einfach lebensgefährlich
Und endet immer tödlich

Baum der Erkenntnis

Gott saß im Himmel und langweilte sich. Immer wieder Hosianna singen und immer wieder das Manna essen. Die Eintönigkeit und die dauernden Jubelgesänge der Engel brachten ihm keinen Kick mehr. Auch die Halleluja-Rufe zwischendurch konnten ihm keine Erregung mehr verschaffen. Die ewige Manna Diät gab ihm auch nicht mehr als einen schlanken Körper. So dachte er nach, was er Neues und Kreatives schaffen könnte.

Gott setzte sich hin und überlegte. Er überlegte lange und kam auf eine großartige Idee. Er wollte eine Welt erschaffen. In seinem Planetarium suchte er nach einem geeigneten Objekt. Der Planet Erde schien ihm recht geeignet. Er begann die Erde nach seinen Vorstellungen zu gestalten. Gott arbeitete sechs Tage hintereinander 24 Stunden am Stück. Er konnte dies tun, weil es im Himmel keine Gewerkschaft gab die ihn limitiert hätte. Am siebten Tag ruhte er sich aus. Mit einem Gefühl der Selbstzufriedenheit betrachtete er sein Werk. Aus dem Planeten Erde hatte er eine Welt geschaffen. Eine Welt nach seinen Vorstellungen, ein wahrer Gottesgarten lag vor ihm. Diese Welt hatte Berge, Täler und Wasser. Das Grün der Wiesen und Wälder erfreute ihn. Die gewaltigen Berge aus Stein und mit Schnee bedeckt ließen seine Brust schwellen. Die Meere und die Flüsse brachten Bewegung in sein Werk. Das Wirken auf dieser Welt war nun seine Freizeitbeschäftigung.

Gott konnte sich hierbei bestens von seinen sonstigen Dienstgeschäften erholen. Er führte den Tag- und Nachtrhythmus ein. Er ließ die Sonne scheinen, er ließ es regnen, er ließ es blitzen und donnern. Kurzum er hatte Spaß am Spielen.

Doch auch dieses Spiel wurde mit der Zeit etwas öde. Gott wollte auch noch etwas Kreativeres schaffen, er wollte Leben in sein Spielzeug Erde bringen.

Gott setzte sich wieder hin und überlegte. Plötzlich hatte er eine Idee und fing an Figuren zu basteln. Er erzeugte diese Gestalten in den verschiedensten Formen und Farben und hauchte ihnen Leben ein. Er nannte sie Lebewesen. Das Kreative an dieser Erfindung war die Tatsache, dass diese Lebewesen sich ohne seine Führung frei bewegten. Er gab ihnen keine Befehle, sondern ließ sich von deren Abläufen, Bewegungen und den Ergebnissen daraus überraschen. Seine Freude war groß und sein Einfallsreichtum war einfach göttlich. Er bastelte von jeder Art immer zwei Stück und nannte das dann Paar. Er gab ihnen auch Namen, wie zum Beispiel Mensch, Löwe, Elefant, Kamel, Frosch und so weiter.

Eine Vielzahl von Paaren hatte er schon fertig gestellt. Gott bemühte sich sehr. Er merkte jedoch, dass dies sehr viel Arbeit war, um seine ganze große Welt, seinen Gottesgarten, damit zu bevölkern. Es langweilte ihn Kopien von diesen Lebewesen herzustellen. Er fühlte sich in seiner

Genialität unterfordert und wollte nicht wie ein Fließbandarbeiter tätig sein. Er parkte zunächst einmal alle Lebewesen in einem bestimmten Teil der Erde, den er Paradies nannte.

Gott setzte sich wieder hin und überlegte. Er überlegte wie er es anstellen sollte ohne viel Mühe immer mehr Lebewesen herzustellen. Plötzlich hatte er die Idee, die nur seiner Genialität entspringen konnte. Das Delegieren. Sollen doch die anderen schaffen. Zuerst dachte er an seine vielen Engel im Himmel, dass diese ihm die Arbeit abnehmen könnten. Nach einiger Überlegung verwarf er diese Idee wieder. Seine Engel waren total ausgelastet mit Hosianna singen und Halleluja rufen. Dazwischen mussten sie immer wieder Manna kochen, damit die gesamte Himmelsmannschaft auch satt wurde. Auch traute er diesen musischen Wesen nicht zu, fleißig hintereinander arbeiten zu können. Er dachte intensiv nach, wie das Delegieren funktionieren könnte. Und wieder kam ihm seine Genialität zu Hilfe. Die Anderen anspornen und ihnen die Lust zum fleißigen Weiterarbeiten geben. Diese Idee des Delegierens war so genial, dass sie bis heute noch immer, wenn es richtig gemacht wird, zu besten Ergebnissen führt. Sollen doch die Lebewesen sich selbst vermehren. Aber wie sollte nun die Vermehrung ablaufen? Nachdem seine Kreationen schon einige Zeit als Neutren nebeneinander her gelebt hatten, konnte er nicht einfach sagen: auf geht's vermehrt euch.

Wieder setzte sich Gott hin und überlegte. Und wieder hatte er einen Geistesblitz. Das Erkennen der Zweigeschlechtlichkeit, das Erkennen der Sexualität und ganz wichtig den nötigen Trieb dazu. Er erfand den Geschlechtstrieb.

Die Feinmotorik war bei Gott nicht so gut ausgeprägt, so dass die Paare die er bisher hergestellt hatte nicht immer gleich waren. Sie wiesen kleine Unterschiede auf. Dies nützte Gott aus zur Unterscheidung. Den einen Teil eines Paares bezeichnete er als männlich und den anderen als weiblich. Er machte dies aber nicht willkürlich, sondern er hatte ein System. Dort wo er nicht so sauber gearbeitet hatte und ein Zipfelchen hängen blieb, dieses Wesen nannte er Mann. Das Andere besser geformten Wesen nannte er Frau.

Wie mache ich das nun mit dem Vermehren, erklären kann ich es den Lebewesen nicht, sagte sich Gott. Ich muss ihnen eine Erkenntnis geben. Diese Erkenntnis musste alles beinhalten, Liebe, Sex, Zusammenleben mit den Partnern. Auch das Essen, Trinken, Feiern sollte zur Erkenntnis gehören, kurzum alles, was das Leben schön und lebenswert macht. Gott setzte sich hin und machte sich Gedanken wie die Vermehrung und das Zusammenleben stattfinden sollten und wie er es den Lebewesen beibringen soll. Die Lösung, die allumfassende Erkenntnis versteckte er in Äpfeln auf einem bestimmten Apfelbaum im Paradies.

Bei wem sollte nun der erste Versuch stattfinden? Gott entschied sich für die Lebewesen, die er Menschen nannte.

Damit nicht alle Lebewesen gleichzeitig die Äpfel der Erkenntnis aßen, verbot er einfach von diesem Baum zu essen.

Zur späteren Unterscheidung der erhofften Vielzahl von Menschen, gab er ihnen Namen. Dies sollten dann auch die Lebewesen so weiter durchführen. Gott nannte das eine Lebewesen Mensch mit dem Zipfelchen Adam und das andere wohlgeformte Lebewesen Mensch nannte er Eva. Auch Adam und Eva beachteten das Verbot sehr genau.

Gott beauftragte nun die Schlange Adam zu bewegen von diesen verbotenen Früchten zu essen. Er hatte die Schlange ausgewählt, weil sie sich so schmeichelnd, wendend und elegant bewegen konnte. Zudem konnte sie mit ihrer Zunge so wundervoll zart lispeln. Mit was er aber nicht gerechnet hatte, war die Standhaftigkeit von Adam. An dieser Standhaftigkeit und an das Einhalten von Vorschriften hat sich dann sehr viel später das deutsche Beamtentum vorbildhaft orientiert. Als Gott sah, dass bei ihm nichts zu machen war, gab er der Schlange dann den Auftrag Eva so zu beschmeicheln, dass sie die Frucht vom verbotenen Baum isst und auch Adam dazu bringt dies zu tun. Die Schlange führte den Auftrag Gottes in einer perfekten Weise aus. Mit geschmeidigen tanzenden Bewegungen machte sie Eva ganz kirre. Als sie dann noch, mit der Zunge lispelnd, erzählte nach dem Genuss des Apfels wären sie Ebenbilder Gottes war die letzte Schranke gefallen. Eva konnte nicht widerstehen.

Sie nahm einen großen rotbackigen Apfel von dem verbotenen Baum und bis hinein. Der süße Saft im Mund ließ sie aufblühen. Sie hatte die Erkenntnis bekommen.

Sofort begann sie reizvoll den bisher standhaften Adam zu verführen. Adam zögerte zunächst unterlag aber dann den weiblichen Künsten der Verführung. Er biss in den Apfel der Erkenntnis. Nun hatten beide die Erkenntnis. Sie standen ganz dicht voreinander und die Erkenntnis begann zu wirken. Adam bekam die Erkenntnis, dass Eva eine Frau war. Er betrachtete ihren nackten Körper mit großem Wohlgefallen und fasste an die festen apfelförmigen Brüste. Dabei fühlte Adam plötzlich ein mächtiges ihm bisher unbekanntes aufsteigendes Gefühl im Unterleib. Eva, die ganz dicht vor ihm stand, bekam dies auch zu spüren und ging zwei Schritte zurück. Doch sie erkannte gleich, dass sie nicht so weit zurückgehen musste. Die Erkenntnis der Zweigeschlechtlichkeit war geboren und gleichzeitig auch der Trieb.

Gott betrachtete wohlgefällig sein Werk und freute sich, dass sein Plan aufgegangen war. Er freute sich ganz besonders an der fleißigen Ausübung der Sexualität von Adam und Eva. Gott erntete nun die vielen Äpfel vom Baum der Erkenntnis und ließ alle Tiere davon essen. Die Population der Erde hatte begonnen. Damit hatte Gott die lästige Pflicht der Produktion von Lebewesen abgegeben an die Lebewesen selbst. Bald wurde das Paradies zu klein.

Gott schloss kurzer Hand diese Einrichtung, öffnete die Tore und scheuchte die schnell wachsende Anzahl hinaus. So saß er nun immer vor seinem Spielzeug Erde und schaute zu, wie sich seine Lebewesen dort bewegten und wie sie sich vermehrten. Der Trieb war stark und zügellos. Die Anzahl der Lebewesen nahm ständig zu und sie bevölkerten schon einen Teil der Erde. Allerdings gab es Fehlentwicklungen besonders bei der Spezies Mensch.

Gott musste mit ansehen, dass Streit, Hader und Totschlag immer mehr zunahmen. Das ärgerte ihn maßlos. Er wollte ein Spielzeug haben, bei dem alles friedlich und harmonisch abläuft. Mit steigender Disharmonie und steigendem Unfrieden stieg auch sein Ärger. Er beschloss eine Änderung durchzuführen. Er überdachte seine Konstruktionen noch einmal gründlich und beschloss die Lebewesen wieder zu vernichten. Nicht jeden Einzelnen. Alle auf einmal wegschwemmen mit einer großen Sintflut. Er hatte schon den himmlischen Wassereimer in der Hand. Er überlegte noch einmal kurz. Aber wirklich alle wegschwemmen? Dann müsste er ja wieder von ganz vorne anfangen.

Gott setzte sich hin und überlegte und fasste einen Beschluss. Er behielt sich Sicherheitskopien zurück, von jedem Lebewesen ein Paar. Er ließ den Menschen Noah die Arche bauen. Gott wollte, nach dem Chaos das er vorher hatte, dass auf der Erde ein Lebewesen die Führung übernehmen soll. Er entschied sich für die Rasse Mensch.

Warum gerade den Mensch? Der hatte sich schon bei der Einführung der Erkenntnis im Paradies als recht geschickt erwiesen. Irgendwie hatte er ein Faible für das Lebewesen Mensch. Wenn er anders entschieden hätte, würde die Welt jetzt von Kamelen oder Affen regiert werden.

Wie sollten nun die Menschen die Führung übernehmen. Sie mussten besser sein, sie mussten stärker sein, sie mussten einfach überlegen sein.

Gott setzte sich wieder hin und überlegte, wie das zu machen sei. Wieder hatte er einen Geistesblitz. Er erfand die Intelligenz. Er gab Noah und seiner Frau, also der Rasse Mensch, die Intelligenz. Die Tiere blieben blöd und konnten sich auf das Fressen, das Faulenzen und die Vermehrung konzentrieren. Gott hat die Menschen mit Intelligenz ausgestattet, damit eine Hierarchie entsteht. Der Mensch übernahm die Führung auf der Erde.

Als Gott sein Werk über die Jahrhunderte betrachtete war er immer wieder aufs Neue erstaunt, was er mit der Vergabe der Intelligenz angerichtet hatte. Die Rasse Mensch war wie geplant Herrscher auf der Erde. Sie hielten alle anderen Lebewesen im Zaum durch Jagd, Verfolgung, Vertreibung und manchmal rotteten sie eine Rasse auch ganz aus. Eine Ausrottung hatte Gott nicht geplant aber die Intelligenz hatte ihre Auswirkungen. Die Intelligenz hatte aber noch andere viel schwerere Erscheinungen. Sie pflanzte sich fort und zwar in der Art, dass sie sich in sich selbst vervielfachte und so den Menschen immer mehr Macht verschaffte.

Wissen paarte sich mit der Intelligenz, so dass die Rasse Mensch auf der Erde von anderen Lebewesen unantastbar wurde. Aus dieser wuchernden Intelligenz heraus schufen sich die Menschen ihre eigenen Anschauungen und Götter. Sie beteten zu ihnen, sie brachten ihnen Opfer, sie flehten zu ihnen in der Not. Gott musste zusehen wie er aus seiner Rolle als Übervater und oberster Herr heraus gedrängt wurde. Das konnte der Erschaffer der Welt nicht zulassen, dass sich andere auf seinen Thron setzten und seine Position einnehmen. Er war der Architekt und das sollte anerkannt werden. Nicht irgendwelche aus der Intelligenz der Menschen entstandene Figuren sollten verehrt werden. Er war Gott und duldete keine anderen Götter neben sich.

Gott setzte sich wieder hin und überlegte, er überlegte lange. Die Welt war mittlerweile mit Göttern und Religionen übersät und kompliziert im Zusammenspiel geworden. Es musste etwas ganz Besonderes sein, das sein Spielzeug, seinen Garten, seine Welt in seinem Sinne und zu seiner persönlichen Freude weiter existiert. Dies zu bewerkstelligen war selbst für Gott eine schwierige Aufgabe.

Und wieder setzte er sich hin und überlegte. Sein intensives Nachdenken wurde mit einem Geistesblitz belohnt. Gott erschuf für die Menschen den katholischen Glauben. Ein hierarchisches, an der Obrigkeit orientiertes System des Glaubens. Kein anderer Glaube und keine anderen Götter werden anerkannt. Gott wollte durchsetzen, dass die Menschen nur den einen Glauben haben sollten. Die katholische Religion sollte die einzige Religion sein. Deswegen bis heute noch die Ablehnung und die Weigerung zur Zusammenarbeit mit anderen Glaubensrichtungen.

Wer sollte dann die Obrigkeit sein? Nach sehr kurzem Nachdenken legte Gott fest: Ich bin die Obrigkeit, ich bin der Herr, ich bin die letzte Instanz. Jedoch wollte er aber nicht immer wieder selbst eingreifen. Er wollte die Erde lenken, ohne direkt eingreifen zu müssen. Das war die Geburtsstunde des Papstes. Der Stellvertreter Gottes auf Erden. Dieser Galionsfigur gab er den Status der Unfehlbarkeit, die er ja auch für sich beanspruchte. Er brauchte sich nun nicht mehr um alles selbst zu kümmern. Gott hatte einen Ansprechpartner. In seinem Namen hatte der Papst die Ordnung zu halten. Das System aus klaren Regeln war gut und funktionierte eine lange Zeit. Die Mischung aus Drohung und Hoffnung wurde von den meisten Menschen verstanden.

Gott hatte aber etwas unterschätzt, die fortschreitende Entwicklung der Intelligenz. Diese hatte sich durch die vielfältige Fortpflanzung immer mehr geschärft, verbessert und intensiviert. Die Rasse Mensch konnte immer besser damit umgehen und nutzte sie auf, selbst für Gott, nicht vorhersehbare Weise. Die Weigerung gegen Obrigkeit, gegen Herrschaft und auch gegen Gott war ein Produkt der wachsenden Intelligenz. Selbst aus seiner Religion entwickelten sich Abweichler und demonstrierten Macht. Sie gründeten neue Religionen.

Gott hatte sich das Leben auf der Erde lange angeschaut. Habgier, Betrug, Lüge, Kriege gehören zum alltäglichen Leben. Gewalt mit immer stärkeren Waffen, um immer Menschen zu unterjochen und um denen dann einen fremden Willen aufzuzwingen. Atombomben, Terrorismus, Völkermorde waren an der Tagesordnung. Gott bekam die Erkenntnis, dass ihm bei der Erfindung der Intelligenz für den Menschen irgendwo ein Fehler unterlaufen war. Er war mit der Entwicklung seines Spielzeugs nicht mehr zufrieden und er dachte wieder über eine Sintflut nach. Sollte er wieder einfach alles wegschwemmen?

Gott setzte sich hin und dachte nach. Selbstzweifel kamen ihm. Hatte er alles richtig gemacht? Aber Gott ist über alle Zweifel erhaben. Wie er so da saß und überlegte hatte er einen Geistesblitz als hätte er selbst vom Baum der Erkenntnis gegessen. Es gab eine viel einfachere Art alles auszulöschen. Es musste doch nicht eine von Gott befohlene Sintflut sein. Er erinnerte sich wieder an eine geniale Idee, das Delegieren. Lass die doch Menschen sich selbst zerstören. Diese Welt hat mich nicht verdient. Ich habe keine Freude an diesem Treiben. Mit diesem Gedanken wendete sich Gott ab. In seinem riesigen himmlischen und weltallenen Reich wird er sicher ein neues Pläsier finden, das ihn besser erfreut.

Doch von Zeit zu Zeit schaut er noch nach seinem Planeten Erde, um zu sehen, wie weit die Menschen mit der Selbstzerstörung gekommen sind. Bei jedem Besuch stellt er fest:

Die Menschen sind auf dem richtigen Weg.

Neujahr

Das neue Jahr
ist bar
von jeglicher Erfahrung

Unsere Pflicht
ist nicht
zu erwarten des Schicksals Paarung

Die Wege gehn
nicht stehn
wir geben dem Erfolg die Nahrung

Der Geburtsschrei

Ein Schrei und neues Leben wird geboren
Ein neuer Mensch ist auf der Welt
Zu welchen Zielen auserkoren
Zu welchem Schicksal er bestellt

Welcher Weg wird nun sein Ziel
Macht er nur Ganzes oder Scherben
Lebt er in Arbeit oder Spiel
Auf dem seinem steten Weg zum Sterben

Erfüllt er sich sein Lebenswerk
An dem man ihn dann einst bemesse
War der Geburtsschrei nur Vermerk
Der erste Ton zur Totenmesse?

Diktatur

Unter einer Diktatur stellt sich jeder zuerst immer etwas Schreckliches vor und das ist durchaus naheliegend. Vor allem die Ausbeutung, die Unterdrückung und die Inhumanität sind einige der negativen Kennzeichen. Einige wenige werden bevorzugt und leben auf Kosten der Unterdrückten.

Die Diktatur als älteste Regierungsform lebt immer wieder auf in den verschiedensten Variationen. Die Bandbreite reicht von der reinen Personendiktatur bis hin zur parlamentarisch verbrämten Diktatur einer kleinen Minderheit.

Aber Diktatur muss nicht immer schlecht sein. Wie die bessere Diktatur aussehen kann, zeigt die römisch-katholische Kirche. Sie ist ein über Jahrhunderte lebendes Erfolgsmodell. Keine andere vom Menschen entwickelte Hierarchie hat sich so lange gehalten. Die Kirche hat alle Ereignisse überstanden und jeder Veränderung getrotzt.

Die römisch-katholische Kirche hat eine klare Struktur. Oben steht der Papst, der „Diktator", mit unfehlbaren Entscheidungen und darunter klar geordnet die ausführenden Organe. Das Kardinalskollegium, die Kongregationen, die päpstlichen Räte. Darunter dann weiter die Gerichtshöfe, die päpstlichen Kommissionen, die Akademien.

Eine klare überschaubare Ordnung, die auch weisungsberechtigt klar aufgegliedert ist. Man könnte dies eine demokratisierte Diktatur nennen.

Im Unterschied zu anderen Diktaturen werden in der römisch-katholischen Diktatur nur Güte und Erbauung verbreitet. Dies ist der zentrale Punkt für das Überleben dieser Regierungsart. Menschen, denen nur Friede und Freude gepredigt wird, werden keine Revolutionen veranstalten und werden nicht gegen die Obrigkeit aufstehen. Mit der Unfehlbarkeit des Papstes und dem Verbot des Zweifels wurde hier eine klare Ansage an das Volk gemacht. Eine einfache und für alle verständliche Grundregel. Das Volk versteht nur einfache Regeln.

Die römisch-katholische Diktatur hat Strategien die absolut über allem stehen, Strategien, die auf den Menschen ausgerichtet sind. Strategien, die den Menschen etwas geben. Glaube, Liebe, Hoffnung, Träume, Illusionen, Visionen.

Dazu kommt die große Show, die von den Menschen geliebt wird. Der Glamour, der Glanz, der Pomp. Der tolle Aufmarsch von Priestern und Ministranten, die prachtvollen Gewänder, die brausende Orgel, die tiefsinnigen Lieder. Dazu die prächtig ausgestatteten Versammlungshallen. All diese Dinge werden mit Freuden aufgenommen. Jeder Gläubige ist Teil dieser Show. Man ist Mitglied des römisch-katholischen Volkes. Die Wärme der Gemeinschaft wird vorbildlich an alle Mitglieder der römisch-katholischen Kirche verkauft. Kann es ein wohligeres Gefühl geben?

Dazu kommen die sich immer wieder wiederholenden Events. Weihnachten, Ostern, Pfingsten usw. mit den immer wieder gleichen Geschichten und Abläufen. So etwas mag der Mensch, er weiß, was auf ihn zukommt, er kann sich darauf vorbereiten und er versteht es.

Das ist einer der Kernpunkte einer Regierung, das Volk muss die Obrigkeit verstehen. Das Volk muss die Aussagen leben können. Die Menschen verstehen Gott, weil er ihnen in der biblischen Geschichte sehr bildhaft und einfach dargestellt wird. Für die Masse muss es zum Verstehen einfach sein, denn Intelligenzbolzen sind in der deutlichen Minderheit. Wen das Volk versteht, den liebt das Volk.

Das ist die große Krankheit der jetzigen Demokratien, das Volk versteht seine Regierung nicht mehr. Die Regierenden sind entrückt in eine eigene Welt, sie können sich nicht mehr den Menschen mitteilen. Sie benötigen die Medien zur Selbstdarstellung und benutzen Kommentatoren und Journalisten, um dem Volk einigermaßen zu erklären, was abläuft.

Eine weitere Besonderheit des römisch-katholischen Regierungsmodells ist es, dass es nicht inzüchtig ausarten kann, wie es bei den Adelsdiktaturen der Fall war. Es war dort immer das gleiche Blut, das sich fortpflanzte, nachdem der Adel sich nur unter sich vermehrte. Die Macken, die Geisteshaltungen vererbten sich weiter. Die königlich kaiserliche Geburt regierte das Volk.

So wurde manch einer, den man als nicht so gut gelungen bezeichnen würde, gekrönt und mit Macht versehen. Die Geschichtsbücher sind voll mit derlei Gestalten und deren Taten. Dies alles kann bei der römisch-katholischen Diktatur nicht geschehen.

Mit weiser Voraussicht wurde die genetische Erbfolge vermieden durch einen ganz simplen Trick. Es darf nicht geheiratet werden, es dürfen keine Kinder gezeugt werden. Damit wurde ein für alle mal ausgeschlossen, dass dem Regenten, dem Papst, ein Familienmitglied folgen konnte. Die Ehelosigkeit und der damit eingeschlossene keusche Lebenswandel, was die Sexualität betrifft, schloss dies aus. Es war damit die Erneuerung gesichert ohne große Gesetzesarien, ohne zusätzliche Gebote und ohne sonstige Ausnahmeregelungen. Neues Blut und neues Gedankengut kommen immer wieder an die Spitze. Gerechterweise muss gesagt werden, dass es im Mittelalter zu Abweichungen gekommen ist, aber die Kirche hat wieder auf den rechten Weg zurückgefunden.

Dass die religiöse Diktatur auch demokratische Züge hat, zeigt die Tatsache, dass der kirchliche Diktator aus einer Gemeinschaft heraus mehrheitlich gewählt wird. Die Delegierten sind die Kardinäle, die sich in vielen Jahren bewährt haben. Dieses Wahlverfahren hat sich auch über Jahrhunderte als gut und richtig erwiesen. In dem Moment, wenn der neue Papst als neuer „Diktator" gewählt wird, bekommt er den Status der Unfehlbarkeit. Das ist etwas Grandioses und das ist es, was das System so stark gemacht hat. Die Unfehlbarkeit duldet keinen Widerspruch, es kann an einem Unfehlbaren keine Kritik geben. Es regiert ganz einfach das himmlische diktatorische „BASTA". Damit sind ewige, schleppende und zeitraubende Diskussionen hinfällig.

Auch bei den klassischen Personendiktaturen gilt das Basta, aber das Volk glaubt hier nicht an die Unfehlbarkeit. Der Diktator wird nicht als irdischer Stellvertreter eines Gottes angesehen.

Ein stabilisierender Faktor bei der römisch-katholischen Diktatur ist die Tatsache, dass der größte Teil des Kardinalskollegiums aus alten Männern besteht. Diese Tatsache schränkt zwar den Bezug zu den jüngeren Gläubigen deutlich ein, es vermeidet aber auch revolutionäre Veränderungen. Die Wandelbarkeit und Flexibilität sind eingeschränkt. Aber wenn sich diese Gemeinschaft immer auf das Basta des Papstes zurück ziehen kann, ist alles wieder in Ordnung.

Die Ziele der Kirchendiktatur sind absolut auf den Menschen ausgerichtet. Christliche Nächstenliebe steht oben an. Aufopferung für den Nächsten. Als Gipfel, als absolutes Bonbon, ist das Versprechen des ewigen Lebens. Diese Aussicht ist die Erfüllung der Sehnsucht des Menschen. Dieses Versprechen an das Volk ist der süßeste Honig. An diesem Honig kleben alle gern. Zusätzlich noch das Versprechen im himmlischen Reich noch besser zu leben betört die Menschen. Sie werden zu treuen Gläubigen, zu treuen Anhängern der Diktatur.

Besonders dort wo Menschen in Armut leben und die für sich in diesem Leben keine verbessernde Aussicht haben, ist dieses Versprechen ein Lottogewinn. Wir werden im anderen Leben Gewinner sein.

Es ist die Philosophie fast aller Religionen, gib ein Versprechen für die Zukunft ab. Auch im Islam oder im Buddhismus wird mit dem herrlichen Leben nach dem Tod geworben.

Zitat Schiller:

„O zarte Sehnsucht, süßes Hoffen,
das Auge sieht den Himmel offen"

Diese wundervolle Zukunftsaussicht lässt die Menschen hoffen und an die Religion glauben. Wird eine goldene Zukunft prognostiziert, dann wird die Regierung nicht kritisiert.

Die Hoffnung ist es die den Menschen glauben lässt und nicht die irdischen Rituale. Der Mensch hofft, dass ihm nur Positives in der Zukunft widerfährt. Das ist auch die Grundlage aller Arten von Glücksspielen und Lotterien. Sie leben von der Hoffnung. Jeder hofft mit einem Schlag ohne Arbeit reich zu werden. Je höher der mögliche Gewinn ist, umso stärker der Zulauf. Bei der römisch-katholischen Kirche ist das ewige Leben der absolute Hauptgewinn. Ewiges Leben in Friede und Freude. Und das Tolle daran, jeder der glaubt wird Hauptgewinner. Mit dieser großartigen Gewinnaussicht werden Menschen abhängig gemacht. Sie sind dann auf Erden ewig Diener Gottes, gottesfürchtig und alles glaubend.

Der Ratio, die menschliche Intelligenz, lässt an der These des ewigen Lebens Zweifel aufkommen. Doch Zweifel sind in diesem Regierungsmodell nicht zugelassen. Also wird geglaubt und die römisch-katholische Diktatur bestätigt.

Eine Regierungsform die seit über zweitausend Jahren in der gleichen Form besteht. Vielleicht ist die Weigerung den Veränderungen stattzugeben gerade die große Stärke.

Eine starke Klammer umgibt diese Gemeinschaft der Gläubigen, diese Klammer heißt eisernes Einhalten der Regeln und keine Abweichungen. Das ist das himmlische Basta.

Die Geburt des Tages

Über dem Meer erwachen die Farben
Das Wasser scheint immer noch zu schlafen
Nur Vögel die Stille strafen
Der graue Horizont mit bunten Narben

Die Sonne steigt jetzt empor
Gleichmäßig entschlüpft sie dem Meer
Als tägliche neue Wiederkehr
Mit dominantem roten Flor

Am Himmel bewegen sich Wolkenfetzen
Zerzauste Krähen ziehen nach Rot
Bleigraue Soldaten in den Tod
Wolkengebilde, die zum Lichte hetzen

Die Sonne über dem Meerespegel
Groß und stark zu neuen Taten
Weiße Schafe werden aus den Soldaten
Die Krähen zeigen sich als weiße Segel

Die Klimakatastrophiker

Die Klimakatastrophiker sind ein Orchester in großer vielschichtiger Besetzung dirigiert von der Wahnvorstellung des erkennenden Wissens. Ausgestattet mit den Noten von Hänschen klein versuchen diese Katastrophiker Beethovens neunte Sinfonie zu spielen.

Die Mahner und Rufer der Klimaveränderung, der Klimakatastrophe, sind Menschen, die auf einem hohen Ausguck sitzen. Von dort aus schauen sie weit in die Ferne. Sie sehen oder erahnen das ferne Unheil kommen. Sie wehklagen und diskutieren, was alles zu tun sei, um diese so schreckliche Katastrophe von uns Menschen abzuwenden. Selbstlos wie sie sind nicht für sich selbst, sondern für die nachfolgenden Generationen. Welche Generationen das sein werden, kann noch nicht abgeschätzt werden.

Diese Menetekeler sind so stark auf diese unheilvolle Veränderung fixiert, dass sie nicht bemerken, dass unter ihnen bereits der Ausguck brennt. Das Unheil, ein ganz anderes als die Klimakatastrophe, ist bereits angekommen. Terrorismus, Atomwaffen in den Händen von Extremisten. Kriege, Hungersnöte, Finanzkrisen brennen bereits lichterloh und drohen uns zu zerstören. Diese möglichen Katastrophen gelten jetzt. Sie gelten für diese Generation. Diese Bedrohungen sind akut vorhanden und berühren uns viel früher, bevor die Klimaveränderung nur ganz entfernt in unsere Richtung kommt.

Was nützen die ganzen Maßnahmen für die Zukunft, wenn die Menschheit diese nicht mehr erleben wird, sie sich vorher selbst zerstört. Was stört es einen menschenverachtenden Machthaber, dem sein eigenes Leben nichts mehr wert ist, ein tödliches Desaster auszulösen. Nichts, es ist vielleicht nur eine kurze emotionale Entscheidung. Dies wird von der weltweit agierenden Geld- und Waffenlobby politisch und medial auf kleiner Flamme gekocht. Um davor abzulenken, wird eine globale Kampagne mit der Klimakatastrophe gefahren.

Die Bedrohung des irdischen Lebens durch Atomwaffen und durch die Ausrüstung von Separatisten oder geistig gestörten Eiferern mit modernen Waffensystemen ist um ein vielfaches höher und akuter als durch die Klimaveränderung. Das macht mir Angst, denn das ist die direkte und zeitnahe Bedrohung für uns, unsere Kinder und unsere Enkel. Es war schon immer so und wird auch in der Zukunft so sein, dass mit Katastrophen, Drohungen und Horrorszenarien Geld verdient werden kann und zudem die Menschen sehr gut geführt werden können.

Unser Wissen über diese Erde und über die Entstehung ist dürftig. Unser Wissen über den Kosmos ist gleich null. Wir machen auf der Basis von circa 200 Jahre exakter Klimabeobachtung (Millisekunden im Vergleich zum Bestehen der Erde) Hochrechnungen mit Rechenrobotern auf hundert Jahre voraus (wieder nur Millisekunden im Vergleich zum Bestehen der Erde).

Bezahlte Gutachten, die alle möglichen Daten aus der jüngsten Zeit hochrechnen, bringen das zuwege, was die Auftraggeber gerne hören möchten. Computer können sagenhafte Rechenleistungen vollbringen. Es interessiert den Computer jedoch nicht ob der Input richtig oder falsch ist. Es interessiert den Computer auch nicht ob die Datenmenge ausreichend ist. Er rechnet auf Knopfdruck hoch.

Selbst erlebt:

An einem Institut für Oberflächenforschung wurde bei einer Untersuchung in einer Messreihe ein grober Ausschlag festgestellt. Sofort entwickelte der begleitende Professor eine einigermaßen logische Theorie für diesen ungewöhnlichen Kurvenverlauf. Alle waren zufrieden. Eine plausible und wissenschaftliche Erklärung ward geboren. Eine Woche später stellte sich heraus, dass es sich um einen simplen Messfehler handelte.

Die Jahrmillionen der Erdgeschichte werden ignoriert. Es gab vielleicht seit dem Bestehen des Planeten Erde schon Eiszeiten und Zeiten der Erderwärmung. Es gab Zeiten gewaltiger Erdverwerfungen und Zeiten, in denen sich Meere gebildet haben. Das waren gewaltige Ereignisse die, die Erde erschüttert haben. Die Zeiträume, in denen dies passiert ist, sind riesig. Tausende, zehntausende und Millionen von Jahren. Und wir glauben, mit 200 Jahren Wetter- und Klimaaufzeichnung, Prognosen über Veränderungen erstellen zu können.

Wenn wir heute über die tatsächlich vorhandene Erderwärmung Katastrophenszenarien in der Presse aufziehen, natürlich unterstützt durch wissenschaftliche Untersuchungen und durch ganz exakte Computerhochrechnungen, dann ist dies Überheblichkeit in höherer Potenz.

Und wenn wir unsere Industrie, unser Leben als Grund für die dramatischen Veränderungen sehen, ist dies durch nichts bewiesen. Die Einflüsse aus unserem Sonnensystem und die Einflüsse aus dem Kosmos sind viel wesentlicher.

Gespräch mit einem alten Bergführer über Klima und Naturschutz, als wir im Winter unterhalb des Schatzberges standen und auf das Inntal hinunterblickten.

„Da schau hinunter", sagte er, *„das war alles voller Eis und vor zehntausenden von Jahren ist das ganze Eis verschwunden und es haben noch keine Menschen hier gelebt"*.

Die Eiszeit hat sich ohne Menschen, ohne Industrie und ohne Abgase gebildet und wieder zurückgebildet. Vielleicht befinden wir uns immer noch in dieser Rückgangsphase und prognostizieren deshalb eine Erderwärmung. Aber 200 Jahre Wetteraufzeichnung sind in diesem Prozess ein nichts.

Das jahrelange Gezeter um das Ozonloch, das irgendwann mal entdeckt wurde, ist verstummt. Was ist passiert? Beobachter haben festgestellt: es ist kleiner geworden und das trotz weiteren Ausstoßes von FCKW. Vielleicht war es schon immer da und war mal kleiner und mal größer. Nur keiner hat es vorher gesehen.

Warum glaubt der Mensch, er könne in diesem Kosmos etwas bewahren? Ist es menschliche Überheblichkeit? Jede Art von Leben auf dieser Erde hat irgendwelche Auswirkungen, deren Größenordnung wir nicht überblicken. Die Erde besteht und verändert sich durch zwei Dinge. Erstens durch die Tatsache des Bestehens des flüssigen Kerns und zweitens durch die Tatsache, dass die Erde ein Teil eines kosmischen Systems ist. Dieses System ist vom Menschen nicht übersehbar, geschweige denn kontrollierbar. Wir kennen die Einflüsse dieses immensen Systems nicht. Vielleicht gibt es Abläufe die wir nicht wahrnehmen die einen viel größeren Anteil an der Klimaveränderung haben als die durch unser Leben erzeugten Beiträge.

Es gibt für uns mehr Aufgaben, die wir anzufassen haben, die einen unmittelbaren Einfluss und sofortigen Einfluss auf unser Leben haben. Es ist fast anzunehmen, dass diese medial groß angelegten Szenarien nur dazu da sind, um von anderen Dingen abzulenken. Über eventuelle Langzeitveränderungen lässt trefflich spekulieren und diskutieren. Die Menschen haben Gesprächsstoff und jeder kann mitreden, da nichts bewiesen werden kann. Und da ja erst in einigen hundert oder tausend Jahren eventuell etwas passiert lässt sich prächtig damit hantieren und manipulieren.

Wir kriegen doch noch nicht einmal ein vernünftiges Zusammenleben auf der Welt hin und noch nicht einmal die einfachsten Dinge des Umweltschutzes. Wir sind doch nicht mal in der Lage öffentliche Plätze sauber zu halten. Wie sollen wir dann die große Klimakatastrophe verhindern?

Die so oft ausgesprochene Sorge über unsere Zukunft steht im krassen Gegensatz zum Verhalten in der aktuellen Situation. Sollten wir uns nicht mehr um unser heutiges Zusammenleben kümmern? Nach dem Ziel streben eine Welt, ein Volk. Das wäre eine Zielsetzung, an der alle mitarbeiten könnten und bei der wir alle die Ergebnisse, auch wenn es anfangs nur kleine sind, erleben könnten. Auch für die nächsten Generationen wären dies hehre Aufgaben. Hier sollten wir den Boden bereiten und nicht klimatischen Horror verbreiten, der nur auf Streichhölzern aufgebaut ist.

Die Bedrohung durch Kriege, Terror und Unterdrückung sind uns doch so nah, dass wir nicht eine Katastrophe, die in hunderten von Jahren möglich ist, so aufbauschen müssen. Wir müssen an der Jetztzeit arbeiten. Was heute in dem theatralisch und medial aufgeblasenen Leben vergessen wird, ist die Tatsache, dass alles endlich ist. Das Sterben gehört zu unserer Welt. Es ist die einzige Gerechtigkeit die es gibt, denn das Sterben macht vor nichts und niemanden halt. Ob reich ob arm, jeder tritt von dieser Erde ab. Auch der Planet Erde wird irgendwann sterben.

Ob dann noch menschliche oder andere Lebewesen ihn bevölkern werden, ist nicht vorhersehbar.
Wird die Erde langsam erkalten durch Schrumpfung des Feuerkerns?
Wird die Erde durch ein kosmisches Naturereignis verschwinden?
In wie vielen Jahren wird dies passieren?
Fragen, die wir heute nicht beantworten können, deswegen ist jede Diskussion, jeder Beitrag über Klimakatastrophe unsinnig.

Die Zeiträume, die Dimensionen sind für uns Menschen der Jetztzeit nicht begreifbar. Die Größe des Universums ist nicht begreifbar. Der Mensch ist nur eine Episode auf dieser Erde und im Weltraum wahrscheinlich nicht nachweisbar.

Nur ein Beispiel über Entfernungen und damit Größenordnungen. Die Geschwindigkeit des Lichtes beträgt ca. 300.000 km pro Sekunde. In einem Jahr legt das Licht eine Strecke von 9,5 Billionen km zurück. Die Sterne, die wir am Nachthimmel sehen strahlen Licht ab.
Wann wurde dann der Lichtstrahl ausgesandt, den wir am Himmel erkennen?
Wie weit sind diese Lichtpunkte, sprich Sterne, von uns entfernt? Es kann möglich sein, dass diese Planeten deren Licht wir sehen gar nicht mehr existieren.

Unser Sonnensystem ist nur ein System von ganz vielen im Kosmos. Wir leben von dem Licht, von der Energie unserer Sonne, dem Mittelpunkt. Dieser Feuerball sendet permanent Strahlen aus denen wir ausgesetzt sind.

Kennen wir all diese Strahlen und ihre Auswirkung auf uns? Was passiert wenn sich unser Abstand zur Sonne ändert durch irgendeinen Einfluss aus dem Kosmos?

Ist unsere nicht abzustreitende Erderwärmung vielleicht noch eine Auswirkung eines Weltraumunfalls?

Wir haben doch keine Ahnung, was vor Jahrmillionen passiert ist. Warum glaubt die Rasse Mensch, dass sie auf dieser Erde überlebt? Vielleicht stirbt sie auch einmal aus wie die Dinosaurier.

Ein kleiner Weltraumunfall durch das Auftreffen eines Asteroiden. Die Umlaufbahn der Erde um die Sonne wird verschoben. Das Klima auf der Erde verändert sich total. Alles Leben kann auf einmal ausgelöscht sein. Ist dieser Asteroid vielleicht schon unterwegs in dem riesigen Raum Weltall?

Wir Menschen glauben daran, dass wir der Mittelpunkt sind und unsere Intelligenz uns befähigt alles zu begreifen und zu erklären. Dass wir Mittelpunkt sind trifft zu für den Planeten Erde. Den zweiten Punkt stelle ich in Frage. Im Kosmos sind wir nicht einmal Glühwürmchen.

Gibt es in diesem Weltall noch Leben? Die Wissenschaft sucht danach. Vielleicht gibt es Existenzen, die mit unserem Leben nichts gemein haben, weder vom Aussehen, weder vom Geist noch von der Form des Daseins.

Ich möchte die Klimakatastrophenwarner von einer anderen Seite betrachten. Es ist richtig und wichtig, dass wir auf unser Klima achten und unsere Welt lebenswert gestalten. Wir leben jetzt. Das was wir tun müssen, müssen wir jetzt tun und für uns und nicht für irgendetwas in einer fernen Zukunft. Der Mensch, ob man ihn als Gottesgeschöpf oder aus der Evolution geboren betrachtet, sieht die Erde als Heimat. Ein Schrebergarten im Weltall.

Diesen Lebensraum möchte er erhalten. Am liebsten so wie er ihn kennt und dies soll dann auch für die zukünftigen Generationen gelten.

Das große Engagement der Klima-, Natur- und Weltschützer ist doch lobenswert. Sie werden zwar nichts bewahren können denn der Kosmos geht seinen Weg. Doch die Mahner und Rufer sind befriedigt, sie haben ihren Beitrag eingebracht und haben für ihr Leben einen Sinn geschaffen. Das ist doch löblich.

Das ewige Lied vom Leben und vom Sterben wird trotzdem weiter gesungen. Wir Menschen haben gelebt. Das große Weltall wird uns vergessen, sofern es uns je wahrgenommen hat.

Nachmittags

Nachmittags im Frühling sitzen
Zukunftsträchtig unter Bäumen
Frisches Grün lässt Sonne blitzen
Jugend sein mit allen Träumen

Nachmittags im Sommer kühlen
Menschen, Gärten voller Saft
Sich als reiche Blüte fühlen
Schönheit tanken, spüren Kraft

Nachmittags im Herbst erleben
Ernte, Reife rings umher
Wie Netze sich Gedanken weben
Alles leicht nicht mehr so schwer

Nachmittags im Winter frieren
Ist dir noch die Zeit beschieden
Gilt es keinen Mut verlieren
Leben mit sich selbst zufrieden

Frühlingsstrahl

Es lockt es treibt
Nichts was jetzt noch drinnen bleibt
Es wächst es zweigt
Nach oben alles Leben steigt

Die Menschen werden jetzt vital
Durch Sonne frühlingshaftem Strahl

Es sprießt es geht
Das Leben vor der Türe steht
Es lebt, es liebt
Und Allem frohe Zukunft gibt

Alle spüren das Signal
Durch Sonne frühlingshaftem Strahl

Es balzt es schießt
Das Leben sich zusammenschließt
Es tönt es schreit
Die Suche nach der Zweisamkeit

Gefühle sind jetzt kolossal
Durch Sonne frühlingshaftem Strahl

Sommermorgen

Nur Meer und Sand
Allein am Meer morgens um sieben
Die Wärme ist zurückgeblieben
Fremder am Strand

Einsam und leer
Ich jogge so früh, aus welchem Grund
Für mich selbst oder nur für den Hund
Nur Sand und Meer

Nur Wasser und Wind
Die Muscheln knacken unter dem Schuh
Ganz in Gedanken laufe ich zu
Träumen macht blind

Die Ferne wird blasser
Nebelschwaden kommen geflogen
Vom Sonnenlicht dann aufgesogen
Nur Wind und Wasser

Nur Rauschen und Wellen
Das Meer ist mein Morgenwecken
Ich quäle mich auf diesen Strecken
Die Möwen als Gesellen

Mit niemandem tauschen
Ich denke während ich so trabe
Mein Leben ist eine schöne Gabe
Nur Wellen und Rauschen

Herbstblatt

In der alten Sonne
Gefärbtes Blatt
Noch einmal in Wonne
Und fühlt doch matt

Doch einmal noch glänzen
Auf Altersgang
Wie in bunten Kränzen
Farbiger Klang

Am Zweig mit letzter Kraft
Sich festgehalten
Vom Wind doch weggerafft
Naturgewalten

Unsteter Wirbelflug
Traum vom Fliegen
Doch abwärts Zug um Zug
Bleibt es liegen

Zuhauf in Agonie
Die Blätterbrüder
Braune Monotonie
Sie werden müder

Keine Lebenssäfte
Schwer am Boden
Es schwinden die Kräfte
Rings die Toten

Winterblüten

Winterblüten weiß und zart
Vom Frost in einer Nacht erstellt
Auf jedem Zweig die gleiche Art
Vom Mond bestrahlt und kahl erhellt

Auf jedem Baum, auf jedem Ast
Auf jedem Grashalm, jeder Hecke
Ganz fein gewebt und ohne Last
Liegt diese blütenreiche Decke

Wenn Kälte in die Nässe dringt
Und weiße Blüten malt
Der Winter jetzt sein Zepter schwingt
Natur in kaltem Weiß erstrahlt

Der Morgensonne kaltes Licht
Das kraftlos noch herunter scheint
Sich in den Schneekristallen bricht
Zu weißem Strahlen sich vereint

Doch mit der Sonne steigend Kraft
Verwässern sich die Blüten
Sind nicht mehr weiß und zauberhaft
Die Kälte kann sie nicht behüten

Es blickt jetzt alles trist und leer
Und wartet auf des Winters Macht
Auf seine nächtlich Wiederkehr
Die neu erstellt die Blütenpracht

Schnee im April

Wie Federn schweben sie herab
Die dicken schweren Flocken
Sie setzen sich auf allem ab
Als dicke weiße Brocken

Es biegt sich unter ihrer Last
Die Halme und die Zweige
Der schwere flaumige Ballast
Drückt alles in die Neige

Ob Blüten oder frisches Gras
Bedeckt mit weißen Hauben
Als ob der Frühling hier vergaß
Dass wir jetzt an ihn glauben

Auf Beobachtungsposten

oder ein Halali die Jagd auf Mitmenschen ist freigegeben

Es muss nicht der Ansitz im Wald sein, um Kapitales zu erlegen. Das Erlegen muss nicht immer töten sein. Das Erlegte muss nicht immer das Wild sein. Es können auch Menschen sein die erlegt werden, erlegt werden auf eine besondere Art und Weise. Ich kann sie mit den Blicken fassen und sie dann mit dem Geist erlegen, indem ich ihre Eigenarten aus meiner subjektiven Betrachtungsweise bewerte.

Ein Hotel ist ein phantastisches Jagdrevier. Es gibt hier jede Menge von verschiedenen Ansitzen. Es muss nicht immer ein Hochsitz sein, auch aus anderen Positionen lässt sich Besonderes erhaschen. Aus dem Sessel in der Hotellobby, von der Liege in der Wellnesslandschaft, von einem Balkon herunter, vom Stuhl im Speisesaal, von einem Barhocker bei Veranstaltungen, aus der Ecke beim Frühstücksbuffet.

Gejagt habe ich in einem italienischen Kurhotel. Die Kurhotels und die Thermalbäder sind nicht der Treffpunkt der Jugend. Dies gilt nicht nur für Italien. Es ist meist die 50 plus Generation die sich dort trifft. In diesem Alter haben sich die Eigenarten und die Gewohnheiten schon deutlich ausgeprägt. Gerade diese ganz persönlichen Eigenarten waren meine Jagdziele.

Die Auffälligkeiten, die Verhaltensweisen zu beobachten die gezeigt oder gelebt werden. Diese sind es die auf das Innere des Menschen schließen lassen. Dem genauen Beobachter fällt auf was natürlich ist und was gekünstelt ist. Ich war der visuelle Jäger, der die Menschen mal kritisch und mal amüsiert betrachtet hat. Mit dem Auge gefangen und dann mit subjektiver Meinung zerlegt. Ich hab dabei Bezüge hergestellt zu Personen die ich kenne oder die mir bekannt sind und habe die beobachteten Menschen dann danach benannt.

Da war zum Beispiel „Elisabeth Flickenschildt", so nannte ich sie, weil sie mit ihrer Statur, ihrem Gesicht und den schneeweißen Haaren eine gewisse Ähnlichkeit mit der Schauspielerin hatte. Der Blick leicht überheblich von oben herab, was bei ihrer Körpergröße problemlos war. Besonders fein wollte sie erscheinen, ihre Gesten und ihr Auftreten drückten dies aus. Alles was sie tat, geschah langsam und sah edel aus. Diesen Ausdruck von souveräner Überlegenheit wusste sie deutlich herauszuheben. Genauso produzierte sie ihren nackten Busen. Selbstverständlich nicht beifallheischend wie junge Mädchen das tun. Sie tat es mit der überlegenen Art: „er ist altersgerecht und nicht schlecht".

Bei „Elisabeth Flickenschildt" war eine gewisse Klasse vorhanden. Das Bild war stimmig. Bei der sie immer begleitenden Freundin war das nicht der Fall. Sie war die absolute Verzwungenheit.

Es war das verkrampfte Gehabe „ich möchte gern edel sein". Immer wenn sie irgendwo auftauchte, war ihr Gesicht angespannt. Die Lippen und die Partie darunter waren verkniffen. Ihr spitzes Kinn sah aus wie das von König Drosselbart und kam ganz bestimmt von der krampfartigen Muskelanspannung der unteren Gesichtshälfte. Ich nannte sie deswegen „Prinzessin Drosselbart". Das Grüßen fiel ihr mehr als schwer. Einen Gruß zu erwidern schien sie so herauszufordern, als müsste sie auf eine Beleidigung reagieren.

Der „Ösi" war aus anderem Holz geschnitzt. Der Name „Ösi" deshalb weil er Österreicher war, Salzburger. Er war mit seiner Mutter und seinem kleinen Sohn angereist. Der große Jaguar gehörte der Golf spielenden Mutter. Der „Ösi" hüpfte fröhlich im Hotel und allen dazu gehörenden Anlagen umher. Sprach hier jemanden an verabredete sich dort mit jemandem auf einen Drink. Die Kontaktfreudigkeit hatte fast schon zwanghafte Züge. Seine Frau war sicher nicht mitgefahren, weil sie einmal Ruhe haben wollte. Dieses permanente Reden, diese Plattitüden konnte man nicht lange ertragen. Der „Ösi" merkte dies nicht und war deswegen ganz unbelastet. Er war überall präsent, körperlich und mit seinem Mundwerk. Er konnte bei allen Themen mitsprechen. Sein Wissen war sensationell aber nur oberflächlich. Es war immer gerade soviel, dass es für den Small Talk also für das Mitreden ausreichte. Einer tiefgreifenderen Diskussion hätte er nicht standgehalten.

„Sie san doch a begnadeter Fotograf, sans so guad und mochen's a Buidl von uns".

Von Mutter, Sohn und ihm beim Abendessen. Der begnadete Fotograf war der Besitzer einer ordentlich aufwendig aussehenden Digitalkamera den der „Ösi" im Schwimmbad entdeckt hatte. Er hatte diesen gleich aufgeklärt was es Neues auf dem Gebiet der digitalen Fotografie gab. Schlagzeilenwissen. Dann der Hinweis:

„Aber bittschön schauen's dass ma alle drauf san".

Im Satz davor hatte er den Herrn noch als begnadeten Fotografen bezeichnet.

Ach wie herrlich sind die Frauen, die immer etwas zu erzählen haben und die immer etwas wissen. „Blondi", das Aussehen als Namensgeber, war mit Ehemann angereist. Sie waren schon mindestens zehnmal in diesem Hotel gewesen. Dies bekam jeder Neuankömmling zu hören entweder per direkter Ansprache oder per Mithören. „Blondi" mit perückenhaft gestylter Frisur war Mitte sechzig und mit einer kräftigen Stimme ausgestattet. Die körperliche Ausstattung war ebenfalls respektabel. Sie war sehr schnell mit allen bekannt. Nicht so extrem wie der „Ösi", aber auch sie fand ihre Opfer sehr zielsicher. Es dauerte nur wenige Tage, da wusste das ganze Hotel, wo „Blondi" schon überall Urlaub gemacht hatte, und wo man die besten Schuhe kaufen konnte. Sie hatte die ganz bestimmte Eigenart nicht nur laut zu sprechen, sondern auch, während sie mit einer Person sprach, gleichzeitig Blickkontakt zu anderen Personen zu suchen und zu finden.

Diese wurden dann sofort in die Unterhaltung mit eingebunden. Das ist die Vervielfachung eines Auftrittes.

Der Ehemann musste gestraft sein mit einer so viel sprechenden Frau. Mitnichten, er redete genau so viel aber nicht so besitzergreifend wie seine Frau. Normalerweise ist in einer Beziehung der eine Partner lauter und der Andere stiller. So wie es hier aussah, funktioniert die Kombination des beiderseitigen Redeflusses seit einigen Jahrzehnten.

Der kleine grauhaarige Herr sah aus, als wenn er der Glücksbote persönlich wäre. Er hatte einen strahlenden Gesichtsausdruck und strahlte eines aus: Freude. Ich habe ihn „Jörg" genannt, weil er dem echten Jörg Kahlenberg von Gesicht und Figur etwas ähnlich war. „Jörg" war jeden Abend zum Essen edel gekleidet, perfekt gestylt. Anzug oder Jackett, weißes Hemd und Fliege. Es hatte den Eindruck als sei jeden Abend Kapitäns Dinner. Alles saß perfekt, es sah so aus, als hätte er sich seine Garderobe für diesen Kururlaub maßschneidern lassen. Viel unternahm „Jörg" mit seiner Frau nicht. Ein bisschen Baden, ein bisschen spazieren gehen aber nicht zu weit, das war es schon. Aber eine dreiviertel Stunde vor dem Abendessen stand er schon auf seinem Balkon wie aus dem Ei gepellt. Es war deutlich zu sehen, dass er sich freute. Jeden Tag sich freuen, auf das Frühstück, auf das Mittagessen, auf das Abendessen. „Jörg" war aus meiner Sicht ein glücklicher Mensch.

Stammgäste wurden sofort erkannt. Handschlag bei der Begrüßung nicht nur vom Chef, sondern auch von allen Bediensteten. Vielleicht schon Vorfreude auf ein reichliches Trinkgeld. So geschehen bei einem Ehepaar. Auf den ersten Blick schienen es Schweizer zu sein, die sich aber später durch ihr Kraftfahrzeug als Ostallgäuer auswiesen. Dieses Paar weitete sich während des Urlaubs zur Großfamilie aus. Tochter mit Schwiegersohn, Schwester der Frau mit Tochter. Einen Hund hatten sie auch dabei, einen Appenzeller. Also war der Beobachtungsnamen klar: Familie „Appenzeller".

Frau „Appenzeller" war eine prachtvolle Erscheinung an den Beinen. Sie hatte lange wunderschöne Beine. Sie verlängerte diese augenscheinlich noch durch das Tragen von „high heels", kurzen Röcken und Kleidern. Jeden Abend schmückte sie ihre schönsten Körperteile mit ganz besonderen Strümpfen. Rote, grüne, durchbrochene, schwarzweiße. Es waren eigentlich keine Strümpfe, es waren Beinkleider. Hinschauen war hier Verpflichtung. Mit solchen Beinen muss man keine Schönheit sein.

Jeden Tag nach dem Abendessen ging Frau „Appenzeller" mit ihrem Appenzeller, dem Hund, spazieren. Als Spaziergehen konnte man es eigentlich nicht bezeichnen. Meist hechtete sie mit den Stilettos und schön bestrumpft hinter ihrem Hund her. Ach wie so herrlich zu schauen.

Zum Ehemann nur ein Satz: grauhaarig, grobschlächtig, Typ Almöhi. Die Tochter mit apartem Aussehen und immer sehr elegant gekleidet. Ihr Mann, gut zwanzig Jahre älter, unfrisiert, zerknittertes Polohemd und dreckige Turnschuhe beim Abendessen.

Da war auch noch „Loriot". Er ähnelte dem Original. Gütig lächelnd saß er beim Abendessen an seinem Tisch und blickte in den Saal. Auch wenn er nicht lächelte, dann lächelte er. Wahrscheinlich hatte er Hautknappheit im Gesicht.

Wenn er dann so da saß mit seiner grünen Hose, weißem Hemd, grünlichem Blouson mit Strickkragen und grüner Krawatte dann lächelte er. Es konnte einem in den Sinn kommen, er warte nicht auf das Essen, sondern auf seine Seligsprechung. Lächelnd.

Eine ansprechende blonde Frau hatte er. Hübsches Gesicht und eine feste Figur. *„Zu fett geworden"*, meinte sie und schlug sich mit der flachen Hand auf den Bauch. Ganz klar, sie hatte das Kommando und sie machte die Kontakte, nicht aufdringlich, sondern dezent, offen und sympathisch. Sie redete und er lächelte.

So dezent auch Frau „Loriot" sonst war, so erregt war sie beim Bingo spielen. Sie konnte nicht sitzen bleiben. Auf allen Tableaus der Nachbarn fingerte sie herum und ganz wepsig erwartete sie die nächsten Zahlen, um sofort mitzuteilen ob Bingo gerufen werden musste oder nicht. Zwei verschiedene Frauen und ein lächelnder Mann.

Urlaub in den Schulferien zu machen, das heißt, viele Lehrer zu treffen. Irgendwie sind sie nicht auffällig, aber man spürt oder riecht sie oder es ist die Art, wie sich geben. Der Mann, ich nannte ihn „Studiendirektor", was er dann auch in Wirklichkeit war, trat zunächst nur mit seiner Frau auf. Später kam die Entwicklung zum Clan. Die Tochter, der Schwiegersohn und deren Kinder trafen später ein. Jede Wette sie Grundschullehrerin und er an der Realschule.

Der „Studiendirektor" und seine Frau erschienen jeden Morgen zum Frühstück in einem sehr urlaubsträchtigen Outfit. Sie trug jeden Tag immer den gleichen blau-weißen, wahrscheinlich neu gekauften, Trainingsanzug mit einem weißen T-Shirt. Dazu ein Maskengesicht, das in Schminke und Ausdruck erstarrt war. Die Trainingsjacke war immer halb geöffnet.

Der „Studiendirektor" trat, ebenfalls täglich, in einem kurzärmeligen T-Shirt auf das in Zipfeln über seinem Bauch hing. Die dreiviertel lange Hose war eine Mischung zwischen Unterhose und Trainingshose, dazu Badeschlappen. Es hatte für mich den Anschein, dass in seinem Wohnort der Sammelbehälter für die Altkleidersammlung nicht verschlossen ist. In der Schule hätte er sicher jeden Schüler nach Hause geschickt, wenn er in einem solchen Aufzug erschienen wäre. Beide strahlten keine Urlaubsfreude, keine Fröhlichkeit und keine Lebenslust aus. In Alter und Beruf erstarrt.

Die Tochter und der Schwiegersohn waren im Gegensatz dazu eine Attraktion im Hotel. Aber nur beim Tanzabend. Sie beherrschten alle Tänze. Tango, Chachacha, Rumba und sogar Paso doble. Aber wie. So wie es in der Tanzschule gelernt wurde, so wurde es abgearbeitet. Von melodiösem Gleiten war nichts zu sehen. Teutonisch exakt stampften sie über das Parkett. Die beiden hätten alles aus dem Weg geräumt sogar eine Tür eingerannt beim Abspulen der Figuren. Die Figurenfolge wurde nicht variiert, wahrscheinlich wurde die Reihenfolge der Tanzstunde exakt beibehalten. Sicherlich ein Spezialkurs für fortgeschrittene Lehrer.

Daneben die Italiener, die sich leichtfüßig von Takt und Melodie tragen ließen. Fröhliches Lachen und Konversation beim Tanz. Die Lieder wurden mitgesungen. Im Gegensatz das deutsche Kontrastprogramm. Ernste Mienen, volle Konzentration auf die Ausführung, zackige Bewegungen sogar das Kopfdrehen beim Paso doble wurde nicht vergessen. Eine null Fehler Arbeit wird abgeliefert. Setzen, eins plus.

Sonst waren sie abends nicht an der Bar zu sehen, „Elisabeth Flickenschildt" und ihre verkniffene Freundin, „Prinzessin Drosselbart". Am Tanzabend waren sie anwesend aber nicht um zu tanzen. Sie wollten nur dem gut aussehenden Faktotum des Hauses zujubeln. Beide zeigten ihr schönstes Lachen und beim Beifall sogar Emotionen. Das Faktotum hatte eine herrliche Stimme, einen richtigen italienischen Tenor mit viel

Schmalz. Er sang aus Leidenschaft und nahm an diesen speziellen Abenden jede Gelegenheit wahr, die Schlager zu interpretieren. Für die beiden Kühlen waren es schon ekstatische Ausbrüche, die sie dem Sänger entgegenbrachten. Nach einer Stunde mit Gefühlswallungen war dann für sie Bettruhe angesagt und am nächsten Tag war bei beiden wieder die distanzierte Überlegenheit angesagt.

Die Hotelleitung hätte eigentlich für die vielen alleinstehenden Frauen ein paar Gigolos engagieren sollen. Für das besondere Wohlfühlgefühl, zum Tanzen, zum Trinken, zum Erzählen zum und so weiter. So scharten sich die allein urlaubenden und kurenden Frauen nur um sich selbst.

So auch die großrahmige Blonde, die modebewusste Brünette und das Trumm aus Bayern. Sie gingen miteinander spazieren und redeten das Übliche, über Schmuck, Boutiquen und Schnäppchen. Sich beim Spazierengehen und beim Tanzen von einer maskulinen Hand führen zu lassen wäre für sie sicher interessanter gewesen.

Als plötzlich am Tanzabend ein Herr solo im Hotel auftauchte, war das „Aha-Gefühl" bei den allein kurenden Damen sofort da. Die großrahmige Blonde machte das Rennen. Sie drückte bei den entsprechenden Tänzen ihr großes Brustvolumen an den Herrn. Ihre Wangen näherten sich. Er blieb cool. Kein schmachtender Blick wie beim „Ösi". Beim Frühstück saßen sie getrennt. Der Herr blieb nur eine Nacht.

Der „Ösi" brachte da auf der Tanzfläche schon mehr Emotionen herüber. Seinem Sohn drückte er die Playstation in die Hand. Er widmete sich dann sehr intensiv einer mittelalterlichen Frau. Sie war auch Österreicherin. Er hatte sie fest im Rollgriff. Seine Schwiegermutter war nicht anwesend. Der „Ösi" verließ die Tanzfläche nicht, egal was gespielt wurde. Er drückte sich schmachtend an die Frau mit einem heftigen „molto amore Blick" in den Augen. Zwischenzeitlich wurde sein Sohn befragt ob er ins Bett wollte, der verneinte und „Ösi" drehte weiter seine Runden.

Ganz sicher wenn uns, Inge und mich, jemand in gleicher Weise beobachtet hätte, er hätte genauso viel schreiben und lästern können. Wir waren genauso Urlauber mit unseren besonderen Eigenarten und besonderen Auffälligkeiten.
Wir sehen doch alle nur den Splitter im Auge der Anderen. Den Balken in unseren Augen sehen wir nicht.
Weidmannsheil.

Der Tennisspieler

so um die siebzig

Als Tennisspieler reich bejahrt
Hat er sich Sportlichkeit bewahrt
Noch gut im Saft, nicht ausgedorrt
So pflegt er seinen Tennissport
Den Herren in den späten Jahren
Fehlt´s nur am Kopf manchmal an Haaren
Wo´s nicht fehlt, sieht man deutlich auch
Das Trikot spannt so um den Bauch
Die kurze Hose als Mutbeweis
Die Beine die sind käseweiß
So spielt er dann auf allen Plätzen
Sein Ehrgeiz nicht zu unterschätzen

Vor dem Match der erste Akt
Gesundheitsmäßig wird verpackt
Beginnt das erste Mal zu schwitzen
Bis alle Bandagen richtig sitzen
Ein Einzel spielt er nicht so gern
Die Linien sind ihm allzu fern
Um den Körper nicht zu ruinieren
Spielt er jetzt nur noch zu vieren
Bei diesem Spiel das Doppel genannt
Wird einfach nicht so viel gerannt
Obwohl er nur wenig sich bewegt
Sind die Körperfunktionen angeregt
Er transpiriert, er keucht und schnäuft
Der Saft am Körper runter läuft

Er wild den Schläger kopfhoch schwingt
Der Aufschlag ihm mal gut gelingt
Der Ball von seiner Schlägerhand
Fliegt übers Netz das fest gespannt
Kraftvoll in des Gegners Feld
Die Mimik deutlich sich erhellt
Dann hat er mal so richtig Spaß
Denn selten nur gelingt ein Ass
Ehrgeizig ist er, voll motiviert
Setzt seine Bälle routiniert
Mal links mal rechts, mal einen Stopp
Dazwischen auch mal einen Flop

Es fliegt herum der gelbe Ball
Gerade manchmal auch mit Drall
Gelingt ihm dann ein feiner cross
Gut gesetzt nicht als Geschoss
Der Gegner kriegt den Ball nicht mehr
Dann folgt ein Spruch noch hinterher
Wenn er sich mal vergeblich streckt
Wird er vom Gegner auch derbleckt

Zwischen all dem Schlagen, Hetzen
Muss er sich auch mal niedersetzen
Trinkt Säfte dann die isotonisch
Damit Bewegung bleibt harmonisch
Horcht auch mal in den Körper rein
Und denkt Tennis muss das denn sein
Fühlt ganz deutlich auch beim bücken
Starke Steifheit in dem Rücken
Es schmerzt die Hüfte, es kneift das Knie
Er spürt seine ganze Anatomie

Damit die Schmerzen dann vergehn
Schluckt er noch schnell mal Voltaren
Hebt ächzend schwer dann seinen Po
Den anderen Spielern geht's ebenso
Doch alle machen weiter mit dem Spiel
Mit Scherz und Schmerz Altherrenstil

Gespielt wird dann der letzte Satz
Nicht mehr auf rotem Aschenplatz
Der Körper der ist bleischwer matt
Das Nachspiel findet verbal nur statt
Beim Bier da ist er wieder oben auf
Denn Sprüche hat er mächtig drauf
Locker wird herumgeschwatzt
Verlierer werden gern getratzt
Obwohl er ganz schön ausgepowert
Sitzt er länger als das Spiel gedauert

Kommt später schlapp kaputt nach Haus
Schläft sich am Morgen richtig aus
Sitzt beim Frühstück beim Kaffee
Der ganze Körper tut ihm weh
Er jammert nur in einem fort
Tennis ist ein blöder Sport
Und fragt sich dann warum wozu
Hat nun liebsten seine Ruh
Legt sich müd aufs Sofa nieder
Nächste Woche spielt er wieder

Zum Siebzigsten

an meinen alten Schulfreund

Sei gegrüßt du alter Sack
Der du doch so jugendlich geblieben bist
Freudig am Tisch noch trinkst und isst
Doch in die Jahre gekommen bist
Siehst noch gut aus im feinen Frack

Sei gegrüßt du alter Sack
Trägst mit Stolz jetzt deine Falten
Noch ungezähmt beim Charme entfalten
Die Gesellschaft zu unterhalten
Entsprichst noch gut dem Zeitgeschmack

Sei gegrüßt du alter Sack
Wird dir manches schon beschwerlich
Wonach du früher sehr begehrlich
Am besten du bist zu dir ganz ehrlich
Nichts geht ganz einfach so zack zack

Sei gegrüßt du alter Sack
Auch wenn es auf den Kopf herum
Nicht mehr des Haares Maximum
Nimm dieses einfach nicht so krumm
Es ist des Alters Beigeschmack

Sei gegrüßt du alter Sack
Du am Leben doch gereift
Noch nicht altershaft versteift
Der Stock noch nicht als Hilfe greift
Kein körperliches Wrack

Sei gegrüßt du alter Sack
Lass dich heute lauthals preisen
Du fühlst dich nicht als altes Eisen
In weiter Ferne das Vergreisen
Liebst immer noch den Schabernack

Sei gegrüßt du alter Sack
Dir hat das Schicksal zugelacht
Von guten Geistern stets bewacht
Genieß was Leben schön gemacht
Bist weiter auch kein Bettelsack

Sei gegrüßt du alter Sack
Noch viele Jahre supertoll
Viel Dur und nur ganz wenig Moll
Ein Leben weiter freudenvoll
Das wünscht dein Freund der alte Sack

Deutschlandlied

einige spezielle Gedanken zur deutschen
Nationalhymne

Nationalhymnen als Zeichen der nationalen Ver-
bundenheit. Sie sollen und wollen einen nationa-
len Stolz aufzeigen. Stolz auf was? Stolz auf sein
Land in das man hinein geboren wurde. Nie-
mand hat es in der Hand, in welches Land er hin-
eingeboren wird. Ist denn jeder auch glücklich
mit seinem Land? Wer erzeugt denn dieses Glück
oder den Stolz den wir fühlen sollen? Es sind
Menschen die uns einreden stolz auf unser Land
zu sein. Die Nationalhymne wird als verbinden-
des Symbol für alle herangezogen. Die Texte der
Nationalhymnen reichen von der Beschreibung
der Schönheit des Landes über Freiheitsbewe-
gungen hin bis zu edlen Werten die beschrieben
werden. Nicht zu vergessen der Treueschwur ans
Vaterland.

Die deutsche Nationalhymne ist eine getrage-
ne Melodie, dem etwas schwermütigen Charakter
der Deutschen angepasst. Der zweite Satz aus
dem Kaiserquartett von Joseph Haydn. Andere
Nationen haben viel lebhaftere Melodien. Diese
Melodien und Rhythmen entsprechen meist de-
ren Naturell.

Der Text der deutschen Nationalhymne
stammt von August Heinrich Hoffmann von Fal-
lersleben, der ihn am 26. August 1841 auf Helgo-

land schrieb. In einem ganz anderen Deutschland mit ganz anderen Wertvorstellungen.

Wir Deutschen tun uns mit unserer National-hymne etwas schwer. Um ein großes Zeichen zu setzen, verzichten wir auf die erste Strophe, da diese auch in der Zeit des Nationalsozialismus gesungen wurde. In offizieller nationaler Mission wird heute nur die dritte Strophe gesungen.

> Einigkeit und Recht und Freiheit
> für das deutsche Vaterland!
> Danach lasst uns alle streben,
> brüderlich mit Herz und Hand!
> Einigkeit und Recht und Freiheit
> sind des Glückes Unterpfand:
> Blüh im Glanze dieses Glückes,
> blühe, deutsches Vaterland!

Diese Strophe der deutschen Hymne beschreibt doch sehr edle Werte. Hier kann wirklich keiner von den Aufpassern, Besserwissern und immer Empörten etwas aussetzen. Oder doch?

Wenn gewisse Menschen immer genau bei uns Deutschen hinhören und hinschauen, auch die dritte Strophe kann man hinterfragen. Der Inhalt soll als Synonym für die freiheitliche gerechte Gesinnung des deutschen Volkes gelten. Einigkeit und Recht und Freiheit für das deutsche Vaterland. Einigkeit ist ein kraftvoller Ausdruck, der etwas großes Ganzes darstellt.

Sind wir wirklich ein einig Volk?

Sind wir wirklich zu einer Einheit fähig?

Seit über 25 Jahren ist Deutschland wieder vereinigt, den Statuten nach, aber einig sind wir noch nicht. Schon allein der Gebrauch von „Ossi" und „Wessi" spiegelt doch mehr Trennung als Einheit wider.

Sind wir auch ein einig Volk mit unseren dauersesshaften Gästen und Zuwanderern. Begreifen denn auch diese Menschen die Einigkeit des deutschen Vaterlands die, die deutsche Staatsbürgerschaft besitzen neben der ihres Geburtslandes. Das Wort deutsches Vaterland kann doch von diesen Menschen nicht begriffen werden. Sie sind nicht hier geboren, sie sprechen in manchen Fällen gar nicht deutsch besitzen aber einen deutschen Pass, sind demnach Deutsche. Wie sollen sie über Einigkeit und Recht und Freiheit des deutschen Vaterlandes singen. Sie verstehen die Lebensart nicht, haben in vielen Fällen eine andere Rechtsauffassung und die Freiheit wird von ihnen als einseitiges Genussmittel betrachtet zu ihrem Vorteil.

Das Recht ist des Deutschen liebstes Kind. Der dem Recht gehorchende Gedanke ist in unserem Deutschtum tief verankert. Wir machen für alles Gesetze und Verordnungen. Es hat manchmal nicht nur den Anschein, dass wir in dieser Umfassendheit von Gesetzen und ihren Auslegungen ersticken. Der Rechtstaat richtet sich selbst. Vielleicht wäre eine Prise gesunder Menschenverstand die Luft, die der Rechtsstaat zum Atmen notwendig hätte.

Das deutsche Beamtentum, die Staatsdiener, ist in seiner Art und seiner Praxis eine Einmaligkeit und nur dazu da mit äußerster Korrektheit dem Rechtsstaat zu dienen und diesem die Geltung zu verschaffen. Wobei das mit dem Dienen nicht mehr so genau genommen wird.

Auch Freiheit ist ein dehnbarer Begriff der sich nach allen Seiten auslegen lässt, für jeden nach seinem Gusto. Jeder sieht seine Freiheit anders, jeder sieht sie aus seinem Blickwinkel und jeder sieht sie sehr eigennützig. Das ist das Naturgesetz des Überlebens. Die Entwicklung von Leben auf diesem Planeten ist so verlaufen, dass sich jeder die Freiheit nimmt, die er bekommen kann.

Mit dem Wort „Vaterland" auf den Lippen sind zig-tausende auf die Schlachtfelder gezogen und für das Vaterland gestorben. Für ein Vaterland, das einige Wenige mit abwegigen Ideen beseelt hatten. Dies darf nicht nur auf den deutschen Nationalsozialismus reduziert werden. Dies war nur eine der Episoden. Es gab vorher, in vielen Jahrhunderten von vielen Nationen initiierte vaterländisch begründete Kriege in mehr oder weniger kurzen Abständen, weil irgend einer, ob Diktator, König oder Kaiser nicht in der Lage war, mit seinen Nachbarn vernünftig umzugehen. Macht und Herrschsucht sind allzu verlockende Äpfel am Lebensbaum.

Es hat sich bis heute nichts an dieser Welt und an diesem Treiben geändert. Nur die Methoden, die Begründungen und die Waffen haben sich permanent verändert. Es sind nicht nur wir Deutsche, die das nationale Denken missbraucht haben.

Andere Nationen benehmen sich heute noch so als wäre sie die überlegene Rasse. Sie verurteilen den deutschen Nationalsozialismus benehmen sich aber als hätte es dieses schreckliche Beispiel nicht gegeben. Oftmals sind es die kleinen persönlichen Eitelkeiten die großen Auswirkungen haben. Das Wort „Ehre" soll hier stellvertretend genannt werden. Für die Ehre wurden Kriege geführt, Häuser und Dörfer niedergebrannt und Menschen umgebracht. Nichts auf dieser Welt ist nicht zu nichtig, um nicht dafür sterben zu müssen. Allein ein gewisses verstocktes Gedankengut lässt heute noch „Ehrenmorde" zu. Dabei profitieren doch gerade diese Menschen von der veränderten Gesellschaft. Die linke Hand kassiert von modernen Errungenschaften und die rechte Hand mordet im Namen von antiquierten Ehrvorstellungen. Weit ist der Weg vom Vaterlandsgedanken bis hin zu einer besseren Welt.

Danach lasst und alle streben brüderlich mit Herz und Hand. Es ist zum Hohnlachen, mit welcher Brüderlichkeit wir streben. Die brüderliche Hand ist die, die von oben deckelt, die, die den anderen auf die Knie zwingt. Das Herz ist kalt, die Hand ist hart, von Bruderliebe keine Spur.

Wie sollen wir gemeinsam streben, wenn jeder doch nur auf seinen augenblicklichen Vorteil schielt. Für diesen Vorteil, auch wenn er nur kurzfristig ist, wird dem Gegner ein Bein gestellt. Das Foul ist gesellschaftsfähig geworden, der Zweck heiligt die Mittel. Brüderlich gemeinsam ein Ziel anzustreben geht nur so lange, so lange der Bruder mir nützt, kurz vor dem Ziel dann das taktische Foul. Ich bin Sieger, denn es zählt nur der Sieg. Die Einigkeit nur so lange sie mir nützt.

Das Recht ist immer das Recht des Siegers und Freiheit genieße ich nur als Sieger. Das Recht des Siegers ist unantastbar, das wurde auch in den Urteilen nach der Maueröffnung gegen einige Bürger deutlich. Die damalige DDR war als Staat anerkannt, die BRD ist auch entsprechend staatsrechtlich mit ihr umgegangen, auch wenn sie diesen Staat nicht offiziell anerkannt hat. Die späten gegenseitigen Besuche der Staatsoffiziellen hatten durch aus dem Charakter von Staatsbesuchen.

Warum verurteilt man dann Menschen, die nach den Gesetzen und Anordnungen dieses Staates gehandelt haben. Sie hatten Befehle, die zu befolgen waren. Auch in der BRD mussten Gesetze, Vorschriften und Befehle eingehalten werden. Die Verurteilten haben zwar gegen die BRD Gesetze verstoßen aber nicht gegen die ihres Staates DDR. Keine Widerrede es gilt das Recht des Siegers und die DDR hat verloren aufgrund ihres wirtschaftlichen Niedergangs.
Einigkeit und Recht und Freiheit sind des Glückes Unterpfand.

Diese drei Worte sind die ganz einfache Formel für ein glückliches Leben. Ja sie sind wirklich der Unterpfand? Aber kann dieses Unterpfand auch eingelöst werden? Ist das die Garantie für ein erfülltes glückliches Leben?

Selbstverständlich, wenn nach diesen Regeln gelebt wird, wenn jeder die Begriffe Einigkeit und Recht und Freiheit gleich auslegen und ausleben würde. Es ist wie mit dem Kommunismus klassischer Prägung eines Marx und Engels, er kann nicht funktionieren, denn es leben Menschen auf der Erde und keine Bienenvölker in ihren Wabennestern oder Ameisen in einem aufgehäuften Berg von Tannennadeln. Es gibt bei den Menschen keine totale Unterordnung und kein Leben nur für eine Aufgabe. Das Leben auf dieser Erde besteht darin besser zu sein und stärker zu sein als der andere oder die andere Art. Du musst siegen und das Recht des Siegers durchzusetzen. Es gibt auf dieser Welt keine wirkliche Einigkeit und keine echte Freiheit, aber es gibt das Recht des Siegers, weil er es sich einfach nimmt.

Blüh im Glanze dieses Glückes, blühe deutsches Vaterland. Dieser hervorragende Wunschgedanke, diese Sehnsucht nach dem positiven Umfeld erwärmen unsere Seele. Wer will nicht im Glanz und Glück erblühen, wer will sich denn nicht in diese entspannende Hängematte legen, wer will sich denn nicht in zufriedenem Wohlstand wälzen. Alle wollen wir dies und am liebsten als Sieger und ohne irgendwelche Anstrengungen.

Modell Schlaraffenland, das ist Blühen in Glanz und Glück und dann noch im deutschen Vaterland, mit deutschen Werten. Hosianna und Halleluja.

Aber warum darüber ketzern, diese Art Schlaraffenland haben wir doch jetzt gerade in Deutschland. Wir sind auf der Seite der wirtschaftlichen Sieger, die wirtschaftlichen Gesetze sind uns wohl gesonnen

Wir haben Millionen von Menschen, die nicht arbeiten und die trotzdem besser leben als 90 % auf dieser Welt.

Wir haben Millionen von Menschen, die Arbeitsbedingungen haben besser als 90 % auf dieser Welt.

Wir haben Millionen von Menschen, die sich vergnügen können besser als 90 % auf dieser Welt.

Blüh im Glanze dieses Glückes, blühe weiter deutsches Vaterland. Doch wie lange noch? In der Hängematte liegen und wohlstandliches Wälzen war noch nie ein Unterpfand von dauerhaften Glanz und Glück. Der Ruf „Deutschland wie lange noch" ist schon tausende von Mal erschallt und ebenso oft in der Ferne verhallt.

Es ist doch schön glücklich den Glanz zu genießen und dabei gar nicht mitzubekommen, wie schon an den Pfosten der Hängematte genagt und gesägt wird. Was stört ist allenfalls der Lärm. Es wird nicht bemerkt wie die Grundfesten der Hängematte, sprich Glücksgefühl, zerstört werden. Fällt die Hängematte um, ist das Geheul groß.

Dann sind wir keine Sieger mehr, dann bestimmen wir nicht mehr die Regeln, dann haben andere das Sagen.

Wir müssten eigentlich schnellstens die Hymne umdichten und die Formulierung „Deutschland aus dem Traum erwache" in den Refrain mit einbauen. Im Refrain deswegen, damit es den Leuten immer wieder gesagt und eingebläut wird. Aber da die Formulierung „Deutschland erwache" schon einmal verwendet wurde, in einem „tausendjährigen Reich", würde uns Deutschen dies wieder falsch ausgelegt werden. Wir haben eine Einschränkung in unserer Freiheit der Wortwahl. Von Moralisten, in Wirklichkeit sind sie keine, wird der Gebrauch von bestimmten Worten und Sätzen mit großem Geheul und Gezeter verdammt.

Wir müssen begreifen, dass Arbeit, Fleiß und Menschenwürde des Glückes wirklicher Unterpfand sind. Dies muss in einer deutschen nationalen Hymne verankert werden.

Deutschland Land der Menschenwürde
führe würdevoll die Hand
Zielvoll lasst uns redlich streben
Fleiß und Arbeit mit Verstand
Deutschland Land der Menschenwürde
Nimm das Herz in deine Hand
Deine Arbeit, deine Leistung
Bringe Segen diesem Land

Nun ein Abriss zur ersten Strophe des Deutschlandliedes, zu der sich die Deutschen nicht mehr bekennen dürfen. Viele andere Nationen haben dieses Schamgefühl, das uns befohlen wird, in gar keiner Weise.

Die „Marseillaise", die von den Franzosen leidenschaftlich gesungen wird, hat einen stark ausgeprägten und einen ausgesprochen martialischen Vaterlandsgedanken, der gleich mit der blutigen Fahne unterstützt wird.

Wir scheuen uns ganz einfach „Deutschland, Deutschland über alles" zu singen, nur weil irgendjemand, Aufpasser haben wir viele im Land, es so deuten könnten, dass wir uns über andere Nationen erheben könnten. Dass wir damit auch ein normales Gefühl ausdrücken, wie nahe uns unser Deutschland steht und damit einen Stolz ausdrücken Deutscher zu sein, wird leicht vergessen oder vielleicht wissentlich unterdrückt. Das Wort Stolz soll hier auch nicht in dem negativen Sinn interpretiert werden. Es soll die freudige positive Erregtheit darstellen und nicht die Überheblichkeit.

Deutschland, Deutschland über alles,
über alles in der Welt,
wenn es stets zu Schutz und Trutze
brüderlich zusammenhält.
Von der Maas bis an die Memel,
von der Etsch bis an den Belt
Deutschland, Deutschland über alles,
über alles in der Welt!

Wir Deutsche müssen demütig sein, weil wir schuldbeladen sind, so werden wir von einigen betrachtet und gegängelt. Wie lange denn noch?

Wie lange haben die nachfolgenden Generationen damit zu leben? Ist das vielleicht so wie bei der katholischen Kirche, bei der die Schäfchen alle mit der Erbsünde geboren werden. Wir mit der deutschen Erbsünde, dem Nationalsozialismus. Dürfen wir deswegen nie mehr Deutschland, Deutschland über alles singen? Dabei kommt doch die friedliche Erklärung in den nächsten Worten, wenn es stets zum Schutz und Trutze brüderlich zusammenhält. Ist das verwerflich? Der hohe Wert der Brüderlichkeit wird doch auch in der dritten Strophe hervorgehoben.

Die Franzosen rufen offen zum Kampf gegen die Tyrannei zum Griff nach den Waffen auf. Stört sich hier irgendjemand auf der Welt daran?

Stört sich irgendjemand daran, dass die Amerikaner in ihrer Nationalhymne in einem Vers vor rot schimmernden Bergen den Krach von berstenden Bomben besingen?

Stört sich irgendjemand daran, dass in anderen Nationalhymnen Revolution und blutige Aufstände besungen und verherrlicht werden?

Also, ihr Deutschen, habt den Mut zur ersten Strophe, habt Mut wieder Deutschland, Deutschland über alles zu singen. Die geographische Beschreibung der damaligen Grenzen sollte nicht mit dem Gedanken unterlegt werden, dass Deutschland diese Ausdehnung heute für sich beansprucht. Es wird hier ein geografischer Raum betrachtet, in dem deutsch gesprochen und deutsch gedacht wurde. August Heinrich Hoffmann von Fallersleben muss man unterstellen, 1841 auf Helgoland so gedacht zu haben. Er trat ein für ein einheitliches deutsches Bild. Deswegen darf den Deutschen nicht unterstellt werden sich über andere Nationen zu erheben.

Vielleicht sollten wir auch hier eine Textveränderung vornehmen. Die geographischen Beschreibungen, die an ein großdeutsches Reich erinnern, sollten einfach wegbleiben. Deutschland sollte sich als friedlicher und bündnisfester Partner darstellen

Deutschland, Deutschland über alles
Über alles in der Welt
Wenn es stets mit andren Ländern
Brüderlich zusammenhält
Deutschland, Deutschland über alles
Friedlich, menschlich sich gefällt
In Europas starkem Bunde
Wir sind Deutschland, Teil der Welt

Der Ausdruck wir sind Deutschland oder ich bin Deutschland ist in vielen Marketingaktionen verankert worden. Er ist anstandslos von allen Nationen akzeptiert worden.

Es muss doch wieder möglich sein seine Freude ob seiner Abstammung zu zeigen und mit diesem Deutschtum normal umzugehen, so wie die meisten Länder dieser Erde es für sich selbst auch praktizieren.

Wenn alle Vergehen, die andere Nationen gemacht haben, gerade die, die sich immer als Weltmächte aufspielen, so lange nachgetragen werden, wir hätten eigentlich nur Demut, Scham und Entschuldigung um uns herum. Viel schlimmer sind die Verbrechen die jetzt geschehen und wir erkennen müssen, dass aus der Geschichte nichts gelernt wurde. Diese Verbrechen werden immer unter dem Mäntelchen der Demokratie oder des Glaubens gemacht.

Es nicht mehr zählbar wie oft sich die sogenannte Demokratie der USA als allein selig machend bezeichnet und ihr sehr bescheidenes Verständnis für Demokratie anderen Nationen und Gesinnungen beibringen will. „Und bist Du nicht willig, dann brauch ich Gewalt". Amerika wurde mit dem Revolver besiedelt und „demokratisiert" und da dies funktioniert hat glauben die USA, dass dies überall so funktionieren muss. Ihr unerschütterliches Selbstwertgefühl lässt sich durch keinen Ratschlag, durch keine Erfahrung in irgendeiner Weise beeinflussen.

Schämen sich die Regierung der USA und das Volk für die Untaten gegenüber den indianischen Ureinwohnern? Erinnert in Amerika irgendetwas an die Sklavenhaltung? Gibt es heute den gerechten Umgang mit der schwarzen Bevölkerung? Gibt es Schamgefühle wegen des Vietnamkrieges, bei dem durch Chemikalien Generationen vergiftet wurden? Gibt es öffentliche Schuldgefühle wegen Hiroshima?

Gibt es ein Nachdenken über den völkerrechtswidrigen Angriff auf den Irak?

Die jetzige Generation Deutschland hat nicht das Wollen sich in der Welt wieder als die besseren Menschen darzustellen. Leider werden wir durch die wirtschaftliche Verflechtung und die Abhängigkeit von amerikanischem Kapital, gezwungen an der Seite der USA zu stehen. Wenn wir auch bis jetzt noch nicht direkt in die Kriege mit eingebunden sind, stellt sich die Frage, wie lange wir uns noch dagegen wehren können. Es ist doch unsäglich genug, dass wir Soldaten nach Afghanistan schicken, die dann den Scherbenhaufen den die USA angerichtet haben zusammenkehren müssen.

Die USA verstehen nicht oder sie ignorieren das Verstehen aus blindem Überlegenheitswahn, dass es Menschen gibt, die diese Art der „Gelddemokratie" nicht wollen. Es ist doch bekannt, dass das Kapital die USA und noch viele von USA abhängig gemachte Staaten regiert. Der amerikanische Präsident ist eine Marionette, der das Lied derer singt, die ihm den Wahlkampf bezahlt haben und deren Gesinnung er dann vertritt.

Zurück zur deutschen Hymne. Die zweite Strophe des Deutschlandliedes ist eigentlich die beste, denn sie stellt den Zustand unseres Landes viel besser dar. Wein, Weib und Gesang, das sind doch die Werte, die sich bei uns etabliert haben.

Gelobt ist die zweite Strophe, weil sie inhaltlich am besten auf unser momentanes Deutschland zutrifft.

> Deutsche Frauen, deutsche Treue,
> deutscher Wein und deutscher Sang,
> sollen in der Welt behalten
> ihren alten schönen Klang,
> uns zu edler Tat begeistern
> unser ganzes Leben lang
> Deutsche Frauen, deutsche Treue,
> deutscher Wein und deutscher Sang!

Deutsche Frauen als Schönheitsideale auf de Laufstegen der Welt. Blond, schlank und langbeinig, das ist ein positives Bild Deutschlands. Mit dieser Ausstrahlung kann doch auch in einer Nationalhymne geworben werden.

Mit dem deutschen Wein können wir uns immer und allemal zeigen. Es ist schon richtig, dass sehr viele andere Länder, begnadet durch Sonnenschein, mehr Wein und vielleicht auch besseren besitzen. Wir sollen aber unsere Qualität und unseren Wein mit seiner speziellen Geschmacksrichtung mit dem nötigen nationalen Selbstbewusstsein vertreten.

Deutscher Wein und deutscher Sang sollen in der Welt behalten ihren alten schönen Klang. Den haben sie auf der ganzen Welt erhalten, überall wo die Deutschen Urlaub machen trinken sie und singen (zumeist grölen) sie.

Deutschland das Land der Feste und der Feiern. Deswegen haben wir auch die meisten Feiertage und sicher auch die meisten Feste. Volksfeste, Heimatfeste, Stadt- und Dorffeste, mittelalterliche Markttage, Karneval, Kirchweih, Fahnenweihe und so weiter. Bei all diesen Festen wird getrunken, getrunken und nochmals getrunken und genau so viel gesungen. Dieser Klang ist so nachhaltig, dass sich die ganze Welt bei uns einfindet. Zu Gast bei Freunden zu sein. Dieses Gastrecht hat einen schönen Klang und wird entsprechend genutzt oder auch benutzt.

Wir haben es aber nicht geschafft Leute denen wir Asyl gewährt haben mit der Arbeit vertraut zu machen. Auch zu edler Tat konnten wir sie bisher nicht begeistern. Dies nicht in dem Sinne deutsch zu denken, sondern die Lebensart hier für sich und die Familien anzunehmen. Wir haben es nicht geschafft, das Zusammenwachsen der Kulturen in gegenseitiger Akzeptanz zu gestalten.

Hoppla, das ist doch etwas auf das wir stolz sein können, auf unser Bier gebraut nach dem deutschen Reinheitsgebot. Die Reinheit, die Sauberkeit des deutschen Bieres muss doch auch die Umweltbewussten, unsere Naturschützer und Chemiegegner begeistern. Sie sollen sich ebenfalls mit der Nationalhymne identifizieren können, indem die saubere Ökologie dargestellt wird mit dem reinen Bier als Synonym. Es gibt keinen Zweifel, so etwas muss in eine deutsche Nationalhymne.

Die deutsche Figur wird ja gerade durch das Bier erzeugt. Bier und Bratwurst eine Einladung, ein deutsches Menü. Dies ist ein deutliches Unterscheidungsmerkmal zu Hamburger mit Coca Cola und Döner mit Tee. Daran können wir uns doch begeistern und es in die Welt hinaus singen.

Der Text einer Nationalhymne soll sich eigentlich immer an den aktuellen Gegebenheiten und aktuellen Werten ausrichten. Nur dadurch ist eine größtmögliche Identifizierung mit der Hymne möglich.

Deutsche Frauen, deutsche Schönheit
Deutsche Bratwurst, reines Bier
Sollen uns erhalten bleiben
sind des Lebens Elixier
Viele Feste woll'n wir feiern,
Fröhlichkeit nur im Visier
Deutsche Frauen, deutsche Schönheit
Deutsche Feste, reines Bier

Diese Strophe würde uns doch vor der ganzen Welt ein friedliches, freundliches und gemütliches Image geben. Im Durchführen von Veranstaltungen kann uns doch keiner das Wasser reichen. Was wir planen ist gut, wie wir die Veranstaltungen ausstatten ist großartig und wie wir etwas durchziehen ist perfekt. Es wäre doch eine neue Marketingidee für Deutschland „Deutschland Land der Feste". Deshalb gibt es keine Diskussion, dass die zweite Strophe der Nationalhymne diejenige ist, die uns am besten darstellt und in dieser neuen Form vorrangig gesungen werden sollte.

Zurück zur Realität, Bratwurst und Bier in einer Nationalhymne, das wäre dann doch zuviel an Satire und zuwenig an Wertschätzung. Die Sinnhaftigkeit und die Inhaltschwere mancher Texte von Hymnen sind anzuzweifeln und deshalb stellt sich hier die Frage, ob wir überhaupt Nationalhymnen brauchen. Diese Frage kann mit einem klaren Nein beantwortet werden. Die Tatsache, dass wir auf einer Kugel leben und um uns herum kein anderes menschliches Leben bekannt ist, müssen wir uns doch nicht durch geistige Schranken, durch kleinstaatliches Verhalten und durch extrem betonierten Nationalismus profilieren.

Akzeptanz des Anderen, das eigene Selbstbewusstsein und die Fähigkeit des Miteinanders sollten für uns Zielsetzungen sein, die uns über die Gegenwart in die Zukunft erheben. Nationalhymnen sind etwas Trennendes. Wir müssen die Grenzen der Nationalität überschreiten aber nicht einseitig. Das Wollen muss von allen kommen. Es müssen alle erkennen, dass wir eine Erde sind, dass wir eine Menschheit sind. Wir dürfen nicht an unserer Nationalität hängen, wir dürfen uns nicht an die Hymnen hängen und noch weniger an die zumeist anachronistischen Texte.

Das große edle Ziel eine Welt ein Volk ist für den Großteil der Menschheit noch nicht fassbar.

Die Verwirklichung eines so großartigen Projekts kann natürlich nicht in einer Generation geschafft werden. Es kann nicht per Dekret oder Revolution erzwungen werden. Es muss verstanden und dann gelebt werden. Und das dauert.

Weltfestspiele, seien es sportliche oder kulturelle sollen nicht mehr durch das Abspielen oder Singen von Nationalhymnen emotional bewegt werden. Weltspiele sollen völkerverbindend sein, Nationalhymnen trennen.

Eine Siegeshymne für den Sieger zu spielen reicht aus, um ihn auch entsprechend zu ehren und seine Leistung zu würdigen. Denn er hat den Sieg errungen und nicht die Nation.

Der erste Schritt wäre eine gemeinsame Hymne für die Welt, deren Inhalt eine einzige Zielsetzung hat. Eine Welt für alle. Dieses Ziel soll dann von allen mit der gleichen Inbrunst besungen werden. Toleranz und Gemeinsamkeit auf dem Weg zu einer gemeinsamen Welt.

Politischer Charakter

Hereinspaziert in deutschen Laden
Bedient euch hier ganz ungeniert
Mit allem was das Herz begiert
Hier in dem Land der fetten Maden

Rafft alles was ihr kriegen könnt
Vor allem reichlich ist Devise
Wir kennen nur die satte Krise
Es sei ein jedem was gegönnt

Politiker bei uns im Staat
Leben wie im Stipendiat
Kämpfen deshalb ums Mandat

Selbstdarstellung ihr liebstes Kind
Sie reden nur noch in Phrasen
Um medial sich aufzublasen
Merken nicht wie billig sie sind

Sie sind des Landes größte Blender
Sollen doch das Volk vertreten
Charakter wäre hier erbeten
Sind doch nur Geldverschwender

Das eigene Ego wird bejaht
Ausreden haben sie immer parat
Kein Charakter kein Format

Sie schieben sich die Pöstchen zu
Sie sind ganz stark beim Raffen
Vorteile für sich zu schaffen
Nebeneinnahmen sind nicht tabu

Steuergelder zu verprassen
Gänzlich ohne Schamgefühl
Sind gelassen und ganz kühl
Zweifel sind nicht zugelassen

Als des Bürgers gewählter Legat
Ist jedes Mittel für sie probat
Zum finanziellen Hochverrat

Sie schaffen Gesetze ihnen genehm
Legitimieren damit ihr Tun
Denn als Politiker sind sie immun
Mit Geldverschwendung kein Problem

Wenn sie einmal Fehler machen
Das stört sie nur gering
Tun so als wäre es nicht ihr Ding
Entschuldigen und lachen

Es ist des Staates Übeltat
Sonderrechte für den Staatsapparat
Den Bürger macht man zum Kastrat

Wahlversprechen die ganz hehr
In Wirklichkeit nur Makulatur
Nach der Wahl die Korrektur
Das Versprechen gilt nicht mehr

Die Lüge ist am Hofe eingezogen
Der Zweck heiligt jetzt die Mittel
Wahrheit ist ein anderes Kapitel
Für Vorteil wird ganz frech gelogen

Werben für sich auf dem Plakat
Telegen fürs Proletariat
Als edelmütigster Demokrat

Beim Steuer erfinden sind sie kreativ
Anstatt dies beim Sparen zu sein
Hier müsste mehr Bewusstsein rein
Für Bürger wäre dies effektiv

Sitzen wie die Made im Speck
Lachen über das Stimmvieh drunten
Die sind doch sowieso gebunden
Für Politiker nur Mittel zum Zweck

Der Politiker der Primat
Erster Übeltäter im Staat
Vorbild für das Proletariat?

Fasching, Karneval, Fassenacht

Weihnacht vorbei, das neue Jahr
Neue Ziele das ist doch klar
Man macht nicht mehr in Heiligkeit
Denn jetzt regiert die Faschingszeit
Für viele geht jetzt toll was ab
Sie setzten auf die Narrenkapp
Die einen im Kostüm verpackt
Die anderen gehen schabernackt
Mit Phantasie so manch Gewand
Die Stimmung außer Rand und Band
Jawohl sie wollen was erleben
Von einer Lust zur anderen streben
Die Arbeit ist egal und fad
Nur noch Vergnügen ganz privat

Doch Fasching nicht nur Lustgewinn
Nach dem Profit steht hier der Sinn
Ob Gesellschaft oder auch Verein
Sie laden zu ihren Sitzungen ein
Ein Komitee mit Elferrat
Das ist in jedem Dorf parat
Am elften, elften jedes Jahr
Kürt man ein neues Prinzenpaar
Für einen der sonst nichts erreicht
Zum Faschingsprinzen hat´s gereicht
Er darf mit einem netten Hasen
Von einem Termin zum anderen rasen

Um von Podesten und auch Stufen
Alaaf und auch Helau zu rufen
Wie immer, Presse ist nicht weit
Verschafft die nötige Öffentlichkeit

In den rheinischen großen Städten
Kann sich keiner vor Karneval retten
Jeder Narr möchte im Fernsehen sein
Möcht in die öffentliche Bütt hinein
Die besten Fernsehzeiten sind dann frei
Bei jeder Sendung ist man dabei
Einmal im Jahr bin ich der Held
Es dreht sich alles nur ums Geld
Karneval ist Opfer des Kommerz
Es wird bezahlt für jeden Scherz
Man prügelt sich um Fernsehzeiten
Um seinen Blödsinn auszubreiten

In Köln haben dann alle einen Stich
Ob auf der Straße, ob im Gürzenich
Man sieht beim Kölner Dreigestirn
Mehr Masse im Beutel als im Hirn
Der Rosenmontag ist immer Feiertag
Die Narretei hat alles in Beschlag
Im Rheinland da regiert der Jeck
Es wird getanzt in jedem Eck
Es wird geküsst, als gäb´s Rabatt
Egal ob einer Herpes hat
Die Weiber sind ganz mannestoll
Und mancher ist schon übervoll
Der Flachmann geht von Mund zu Mund
Wie schön ist dieses Kunterbunt

So auch in Mainz wie es singt und lacht
Die Lust wird unter die Leut gebracht
Bei großen Fernsehsitzungen dann
Strömt Prominenz in Massen an
Lässt über sich dann Witze machen
Dürfen dann dazu noch lachen
Kein Scherz zu blöde oder zu schal
Hauptsache erwähnt ein einziges Mal
Wer nicht prominent ist hat sich gewöhnt
Für vordere Plätze wird kräftig gelöhnt
Auf diesen teuer erkauften Sitzen
Lassen Frauen ihr Geschmeide blitzen
Auf Dekolletees mit sinnlicher Lust
Vom BH herrlich gestylter Brust
Man blickt über Hügel hinab zum Nabel
Die Fassenacht das sündige Babel

So läuft der Fasching immer wieder
Die Kosten hoch der Geist ist bieder
Das ist es was dem Mensch gefällt
Dass man ihn einfach unterhält
Und auf Kommando wird gesungen
Kostümiert herum gesprungen
Mit Jubel Trubel Heiterkeit
Das ist bestellte Lustbarkeit
Wie schön dass man uns fröhlich lenkt
Dass alles jubelt keiner denkt
Dafür wurde diese Zeit erschaffen
Helau Alaaf ihr Faschingsaffen

Psychologisches

Du Verstand hast mich doch nur belogen
Indem du Kompromisse an Land gezogen
Die mich dann ab und zu bewogen
Zu denken, eigentlich habe ich gelogen.
Nun hab ich hin und her gewogen
Ob Verstand die Psyche hat betrogen
Den Körper als Schlachtfeld herangezogen
Verstand contra Psyche mit starken Wogen
Als der Körper dann matt und ausgesogen
Blieb nur der Weg zum Psychologen

Erwachen

Der Winter verliert nun sein Dekor
Der junge Frühling steht vor dem Tor
Fauna und Flora sprießt und quillt
Der Auftrieb auch für Menschen gilt

Die Weiber putzen sich heraus
Als wunderbarer Augenschmaus
Und reizen dass auch jeder schaut
Vermehrt mit unbedeckter Haut
Da aber weiß nicht Mode ist
Greift Weib gern zu moderner List
Und präsentiert sich Mann und Freund
Ganzkörper schön solargebräunt

Nicht nur das Weib ist schön und eitel
Der Mann gepflegt von Zeh bis Scheitel
Mit Aftershave und Brusttoupet
So tritt er an zum Defilee
Stellt sich zur Schau dem Publikum
Und hupft wie ein Kanari rum
Grad wie der Gockel auf der Balz
Mit sehr viel Schmäh und sehr viel Schmalz

Lässt Frühling seine Düfte walten
Und sich Gefühle frei entfalten
Dann treibt es jeden artgerecht
Zum anderen oder Gleichgeschlecht

Zahnarzt 1

Ein Zahnarzt namens Reißer
Zu dem ich schmerzend mich begab
Beäugte meine alten Beißer
Sprach von einem Massengrab

Er sagte nicht nur so zum Spaß
Weg mit dem Zeug dem alten
Von denen taugt ja keiner was
Da können sie nichts behalten

Begann zu kratzen und zu bohren
Ich öffnete weit den Mund
Alle Zähne waren verloren
Er riss sie raus in einer Stund

Zahnlos ging ich so von dannen
Jedoch von Schmerzen jetzt ganz frei
Beim Essen kann ich nun entspannen
Für mich gibt's nur noch Haferbrei

Zahnarzt 2

Früher hieß der Zahnarzt Bader
Er wusch und salbte in seinem Haus
War einer noch etwas malader
Dann riss er ihm die Zähne aus
Gewaschen und von Schmerz befreit
Die Rechnung von Bescheidenheit

Heute sieht's beim Zahnarzt anders aus
Sehr noble Praxen sauber rein
Er reißt nicht nur die Zähne raus
Macht auch Gebisse schön und fein
Doch gewaschen wird bei ihm nicht mehr
Gewaschen ist nur die Rechnung umso mehr

Nacktstar

Als Baby betrachtete man mich nackt
Ich wurde ein und aus und umverpackt
Alle haben meinen bloßen Leib betrachtet
Keiner hat auf meine Gefühle geachtet
Haben mich mit ihren Fingern angefasst
Keiner hat gefragt ob mir das passt
Mich ob meiner zarten Haut beneidet
Als ich so da lag unbekleidet
Keiner hat gefragt ob mir das so gefällt
Als Nacktstar hier auf dieser Welt
Sie fummelten an meinen Körperteilen
Ich war zu klein ich konnte nicht enteilen
Sie wuschen und salbten mich unten herum
Ich kam mir vor wie im Panoptikum
Sie schauten auf mein Geschlechtsmerkmal
Und meinten es sei alles richtig und normal
Schaudernd gedenke ich wer mich berührte
Keiner meine Hilflosigkeit spürte
Streichelten und betatschten meinen Hintern
Das macht wohl Spaß bei kleinen Kindern
Wehrlos konnte ich nur liegen und weinen
Splitternackt auf weißem Leinen
Freigeben für jedermanns Blicke
Das habe ich bis heute noch dicke
Ich rächte mich auf meine Art ganz toll
Und machte täglich die Hose richtig voll
Sie säuberten dann auch brav meine Ritze
Und entfernten auch so manche Pfütze

Aber befreit von der beschissenen Windelhos
Wieder Blicken freigeben nackt und bloß
Ich sehe es als einen nötigenden Akt
Und empfand es richtig abgeschmackt
Dass man mich so betrachtet hat
Unverhüllt und ohne Feigenblatt
Auch wenn diese Menschen zugegeben
Heute nicht mehr unter uns leben
Blase ich ihnen dennoch posthum den Marsch
Und zeige ihnen meinen nackten A…..

Wo der Kabeljau die Remoulade küsst

Von Dünen begrenzt und von Ebbe und Flut bestimmt ist der Strand der holländischen Nordseeküste. Nur Sand und Meer oder Meer und Sand.

Hier kann ich laufen und meine Gedanken laufen lassen. Hier brauche ich nicht Schritt für Schritt aufpassen, wohin ich trete. Hier lenkt mich keine Aussicht von irgendwelchen Gedankenfilmen ab.

Schon beim Frühstück am Morgen müssen wichtige Entscheidungen getroffen werden. Gehen wir heute zuerst links oder rechts den Strand entlang. An geraden Tagen nach rechts an ungeraden nach links. Oder richten wir uns nach der Windrichtung, erst gegen den Wind oder erst mit dem Wind. Was mache ich dann, wenn der Wind vom Meer kommt?

Heute nach links nach Süden trotz der grauen Wolken, die der starke Wind vom Meer zum Land treibt. Die Wolken entleeren sich. Das Wasser kommt nicht nur von oben, der Wind lässt es uns auch waagrecht entgegen kommen. Regenschauer wechseln mit Regenpausen. Die Kappe sitzt fest auf dem Kopf, das gelbe Regencape glänzt vor Nässe und schützt nur mäßig. Die nasse Hose klebt an den Beinen. Der Regen wäscht das Gesicht porentief rein.

Das Meer ist in heftiger Bewegung. In den trockenen Phasen tanzen Schaumfetzen über den Strand, um dann im weitläufigen Sand schnell zu verenden. Ebenso die sich türmenden Wellen, die im Sand ihre Kraft verlieren. Das Meer spielt dazu die auf- und abschwellende Melodie. Ist es Musik oder einfach nur Lärm?

Kann sich Nässe noch steigern? Wenn du nass bis auf die Haut bist, nein. Wir hatten diesen Zustand erreicht. Erreicht hatten wir auch das Ziel unserer Wanderung, das Strandcafé. Der Empfang war freundlich trotz unseres Zustandes. Sie hätten ihr Lokal auch mit trockenen Menschen füllen können. Heißer Tee und alter Genever. Das Wärmegefühl in uns stieg an und wurde größer, die Pfütze unter unserem Tisch auch. Danach Bitterballen und Bier, das Servicemädchen musste durch eine Wasserlache laufen. Sie lächelte nach wie vor freundlich. Die nachfolgenden Gäste mussten dann etwas länger auf den Tisch warten, bis die Stühle und der Boden trocken gelegt waren.

Es sind die besonderen Einkehrmöglichkeiten, die mich an der See reizen, Inge zwar auch aber nicht so heftig. Wo gibt es den besten Fisch? Wo gibt es die besten Pommes?

Gebratener Kabeljau mit Remouladensoße und Pommes frites. Ein Genuss, nicht für jedermann, doch für Liebhaber, wie ich es einer bin, ist es eine Woche lang das Standardessen.

Wenn der „Kibbeling met sous" sich schön kross neben den Pommes mit überkleckerter Remoulade präsentiert, lege ich als Strandläufer gern eine Pause ein.

Kein Sterne-Restaurant, kein fein gekleideter Ober. Mein Spitzenrestaurant ist in diesem Fall eine Strandbude. Hier steht der „Maitre" hinter der Friteuse in Jeans und T-Shirt. Eine Schürze schützt vor Mayonnaiseflecken und Friteusenfett. Die paar Sitzmöglichkeiten sind gezeichnet von der salzigen Brise, die Stehtische mit ein paar Dellen.

Das Angebot der „Gourmet-Bude" ist respektabel. Fisch in allen Variationen. Matjes mit Zwiebeln, Kabeljau fertig zum Frittieren, geräucherter Aal, Krabben und Sprotten. Dazu Pommes mit Mayo oder mit Ketchup. Mancher „Feinschmecker" bevorzugt beide Beilagen. Pommes rotweiß oder auch Pommes-Schranke genannt. Für mich nur Mayo.

Meine Lust auf diese Spezialitäten ist fast schon suchtartig. Gebackener Kabeljau mit Remouladensoße ist mein Gericht. Da könnte sich ein dekorierter Sternekoch noch so anstrengen, so gut wie der von der Frittenbude schmeckt er nicht. Wenn ich dann so an einem Stehtisch lümmele oder in einem der angewrackten Stühle hänge und mit dem Holzspieß den Fisch picke, bin ich einfach im Urlaub. Ich ziehe den Fisch durch die Remoulade und die Pommes durch die Mayonnaise und bin zufrieden.

Da ich keine korrekte Haltung wie in einem Restaurant habe, was hier auch nicht notwendig ist, gibt es öfters kleine Unglücke. Soße auf der Hose. Inge schüttelt dann nur den Kopf und erspart sich und mir den Kommentar. Zu dieser Art von Nachlässigkeit beim Essen gehört auch die Lässigkeit beim Trinken dazu. Bier aus der Dose. Untermalt wird dies alles durch das Brutzeln der Friteusen.

Eigentlich soll ich wegen meines hohen Cholesteringehaltes diese fetten Speisen meiden. Bei diesen Gelegenheiten erinnere ich mich immer gern an ein Gespräch mit dem Arzt, der diese Erhöhung festgestellt hat. Er sagte:

„meiden sie die fetten Speisen, wenn sie aber einmal nicht an der Schweinshaxe vorbeikommen, dann essen sie diese nicht mit schlechtem Gewissen sondern mit Genuss, denn der seelische Schaden könnte sonst größer sein".

Seit dem prüfe ich vor einem Essen, das für mich nicht so gesund ist, das mich aber mächtig anlockt, wie groß der seelische Schaden sein könnte. In den meisten Fällen stelle ich eine immens hohe mögliche Schadenshöhe fest. Und wieder ein Stück kross frittierten Kabeljau durch die Remoulade gezogen und dabei habe ich ein wundervolles Geschmacksempfinden und eine befriedigte Seele.

Im Geiste höre ich sie rufen, die seelsorgenden Gesundheitsprediger und die Überzeugten des reinen keuschen Essens. Das ganze frittierte Zeug ist ungesund, die Überfischung der Meere, überall sind Keime, das ist doch alles nicht so sauber, das hat doch keinen Stil. Bei diesem Gedanken an diese eifrigen Gut- und Richtigmenschen kommt mir ein Lächeln auf die Lippen.

Natürlich haben sie mit allen Argumenten recht, doch ich fühle mich in diesem Moment, bei diesem für mich besonderen Genuss, gerade sehr wohl. Noch exakter ausgedrückt, ich bin gerade glücklich und es ist mir egal was die Anderen davon halten. Da können die Körnerbeißer und Dürrlinge noch so eifrig bekehren. Mir schmeckt's und das kann jeder sehen, der meine Figur betrachtet. Und wieder ein Bissen Pommes mit Mayo. Der Maitre an der Friteuse wünscht: „Smakelijk eten".

Als aktiver Mensch kann ich am Strand Kilometer machen spazieren gehend oder joggend im weichen Sand. Es ist aber auch genau so erholsam einfach auf das Meer zu starren, die Gedanken kommen und gehen lassen, die Schiffe vorbeiziehen und am Horizont verschwinden lassen. Es ist ein schönes Gefühl nichts Wichtiges erledigen zu müssen. Einfach Zeit zu haben und persönlich unnütz zu sein. Einfach im unaufhörlichen Kommen und Gehen der Wellen verschwinden. Nicht Krone der Schöpfung zu sein, nein nur ein kleines Sandkorn der Schöpfung. Das permanente Anrollen der Wellen entwickelt in mir eine Idee von Ewigkeit.

Meine nackten Füße werden vom Wasser umspült und hinterlassen für einen kurzen Moment Abdrücke im Sand.

Die nächste Welle löscht meine Spur, so wie alles auf dieser Welt einmal gelöscht wird. Vergänglichkeit. Ein kurzer Moment des Daseins.

Nicht nur Land und Wasser gehören zu einem Strandspaziergang, sondern auch der Wind. Ich spüre die Erfrischung der leichten Brise bei großer Hitze und die körperliche Anstrengung bei starkem Wind. Bei Windstärke 8 mit kurzen Hosen zu gehen hat seinen besonderen Reiz. Der Wind wirbelt die Sandkörnchen hoch und schleudert sie gegen die nackten Beine. Es ist wie eine Mikromassage, es sind kleine Nadelstiche.

Gegen den starken Wind zu gehen erzeugt ein erregendes Gefühl. Ich glaube nur noch hoch springen zu müssen, um wie ein Vogel zu fliegen. Ähnlich den Windgleitern auf dem Wasser, die mit dem Wind eine Partnerschaft eingegangen sind. Ein wunderbares Schauspiel.

So mancher Abend bevölkert noch einmal den Strand. Es sind die besonderen Abende, wenn die Sonne farbig den Tag verlässt und langsam im Meer versinkt. Das Meer, das den ganzen Tag in Graugrün den Strand bespült hat, spielt jetzt mit ganz anderen Farben.

Inge und ich wollen wie viel andere dieses Schauspiel genießen, im Farbenspiel baden. Wir steigern diesen sinnlichen Genuss. Weißbrot, Käse und ein einfacher Rotwein aus dem Supermarkt. Mit diesen Zutaten sitzen wir am Strand, bis die Dunkelheit der Farbenpalette das Ende bereitet. Das ist die erfüllende Abrundung eines Tages am Strand von Holland.

Wellen

es riecht nach Seetang
welk alt, verfaulend
grünbrauner schwarzer Modder
das Meer schickt seine Wellen
wieder und wieder gegen den Strand
türmen sich auf
brechen sich in weißer Gischt
verenden am langen Strand
Regentropfen fallen
einzeln stärker werdend
punktieren den hellen Sand
Punkte kommen und gehen
trocknen und verschwinden
weiter rollt das Meer
Wellen rennen gegen das Ufer
ewiges Tun ohne Sinn
anscheinend ohne Erfolg
dennoch gewinnt das Meer
Steine werden zu Kieseln
Kieseln werden zu Sand
Sand wird weggespült
neuer Tang angeschwemmt
aus der Tiefe abgerissen
von unendlich vielen Wellen getragen
ist das die Unendlichkeit
nur weil es immer wieder kommt
was ist Unendlichkeit

ein Begriff
für Menschen nicht begreifbar
der kleine Zeitraum des Menschen
meint zu überblicken, meint zu wissen
versteht nicht das große Ganze
tut als könnte er verstehen
handelt in eitler Selbstgefälligkeit
sie bringt den Menschen um
neuer Tang wird angespült
grün oliv schwärzlich glänzend
langsam trocknend sterbend
Wellen rollen weiter an

Müll

geschrieben für alle die sich um unsere Umwelt sorgen

Der Müll das große internationale Problem. Wir haben die deutsche Lösung. Die Wertstoffsammelstelle.

Wir deutsche Bürger stellen uns der Verantwortung bezüglich Umwelt und Ökologie. Deshalb gibt es in vielen Städten und Gemeinden die Einrichtung einer Sammelstelle, einem sogenannten Recyclinghof. Hier wird in einer großen Anzahl von Container getrennt gesammelt zur Wiederverwertung.

Während der Öffnungszeiten in der Woche ist die Wertstoffsammelstelle eher weniger oder seltener frequentiert. Aber an den Samstagen ist der Platz voll. Genau so, wie die Treffs auf den Märkten sind, so sind heute die Treffen auf den Wertstoffhöfen. Samstagmorgen trifft sich alles. Hier sind dann alle gleich. Gleicher Müll, gleiches Beförderungsproblem, gleiche alte Klamotten. Hier gibt es keine Vorgesetzten, keine Studierten, keine Krawattenträger, keine Direktoren usw. Der Müll vereint, der Müll macht gleich.

Schon eine Viertelstunde vor der Öffnung stehen die Ersten vor dem eisernen Tor und warten. Warten bis sie endlich ihren, die Woche über gesammelten und sauber in Körbchen und Kistchen getrennten Abfall zur Sammelstelle bringen können.

Wenn sie so vor dem Tor stehen und auf den Augenblick der Öffnung warten, könnten sie ja singen, wie weiland unser ehemaliger Bundespräsident. *„Hab mein Wagen vollgeladen, voll mit dem getrennten Müll".* Das wäre sehr erheiternd und entspannend am frühen Morgen. Aber sieht man in diese Gesichter, dann ist von Fröhlichkeit mit Gesang keine Spur zu finden. Hochkonzentriertes Warten, bis man endlich zur Tat schreitet kann und zum Wohle der Umwelt ordentlich getrennten Abfall an vorgegebenen Stellen abzugeben oder einzuwerfen. Korrekt und regelgerecht. Denn Ordnung muss sein.

Ordnung herrscht auch bei der Öffnungszeit. Keine Minute zu früh wird geöffnet, da können sich noch viele bepackte Fahrzeuge vor dem Tor stauen. Diesseits und jenseits des Tores warten auf den Glockenschlag.

Auf der einen Seite sind die Menschen, die Deutschen, so ordentlich, andererseits absolut chaotisch, aggressiv und wild entschlossen, wenn es um das Ergattern der besten Parkplätze geht. Möglichst nah an die Abfallcontainer heranfahren. Sind die Menschen zu faul ein paar Schritte zu laufen oder soll niemand sehen welchen Abfall sie produziert haben?

In diesem Gewimmel von Autos, Menschen und Müll sind die Aufpasser die kleinen Könige. In Intensivkursen geschult auf Abfallarten und deren exakte und gesetzeskonforme Trennung.

Wie in den fünfziger Jahren die Polizisten auf den Kreuzungen standen und den Verkehr mit eindeutigen Handzeichen geregelt haben, so tun dies auf dem Wertstoffhof die Aufpasser. Sie haben ihre Augen überall und ihnen entgeht nichts. Schummeln fast nicht möglich. Ein kurzer fragender Blick mit dem Müll in der Hand, schon kommt die Handbewegung in Richtung des entsprechenden Containers. Die kreuz und quer stehenden Autos kümmern sie nicht. Das ist nicht ihre Aufgabe, dafür sind sie nicht geschult worden.

Es ist nichts unvorstellbar, was hier abgeliefert wird zur Wertstoffrückgewinnung. Es ist nichts unvorstellbar, was wie getrennt werden muss. Schrott – Haushaltkleingeräte – Altholz – Sperrmüll – Hartplastik – Teppiche – Restkunststoffe – PP Becher – PE/PET Hohlkörper – Knisterfolien – Alu Folien – Kartonagen – grüne Flaschen – weiße Flaschen – braune Flaschen. Dazu noch die Restmülltonne, die Biomülltonne und die Papiertonne vor dem Haus. Kommt einem da nicht mal der Gedanke, dass wir wieder einmal übertreiben wir wundervollen Deutschen.

Es gibt aber auch Menschen denen geht diese hoch differenzierte Trennung zu weit, zumal es nicht bewiesen ist, dass wirklich ein Recycling stattfindet. Hinterher landet es doch alles wieder in der Müllverbrennung mit dem Unterschied, dass es eben getrennt verbrannt wird. Also gibt es Leute, die es nicht so genau nehmen wollen.

Es wird in einer Verpackung Fremdmüll mit in den Abfallcontainer geworfen.

Hier die Tütchen, dort die Fläschchen
Und dazwischen PVC
Hier die Hölzchen, dort die Körkchen
Und dazwischen PVC
Hier Papierchen, dort Kartönchen
Und dazwischen PVC
Gut, dass niemand weiß
Dass beim Müll ich hier bescheiß

Der kreuzbrave, obrigkeitshörige und ordnungs-willige Deutsche ist beim Müll in seinem Ele-ment. Er merkt dabei überhaupt nicht, dass er doppelt ausgenützt wird. Er arbeitet, zahlt seine Steuern, zerlegt und trennt seinen Müll, dass er wieder verwertet werden kann. Der Gedanke ist doch nicht so abwegig, dass er von den Leuten unterstützt wird, die nicht arbeiten und trotzdem Geld bekommen. Als Gegenleistung dafür, dass der Staat ihnen Geld gibt und die Wohnung fi-nanziert. In den Recyclinghöfen finden sich viele der Empfänger staatlicher Leistungen ein, um hier kostenlos nach Brauchbarem zu suchen, nicht um zu helfen.

Ein bisschen Kreativität, ein bisschen unkon-ventionelles Denken, ein bisschen Mut und schon wäre eine neue Chance für den Arbeitsmarkt ge-boren. Der Beruf des „Müllers". Aber den gibt es doch schon. Nein, der klassische Müller, der Mehlmacher ist nicht gemeint. Wir definieren ab sofort einen neuen Lehrberuf, den Müllfacharbeiter.

Das wäre doch ein Beruf mit Zukunftschancen, mit sogar großen Zukunftschancen. Müll gibt es immer, Müll gibt es immer mehr, egal ob die „Ökofreaks" das wollen oder nicht. Der Mensch will alles sauber, alles klinisch steril, alles attraktiv verpackt. Also entsteht hier Abfall. Es entsteht auch immer mehr Abfall durch die Kurzlebigkeit der Produkte, die gekauft werden. Ganz besonders die Mode mit ihren schnell wechselnden Trends lässt neues sehr schnell alt aussehen und werden.

Der Beruf des Müllfacharbeiters wäre ein Beruf mit absoluten Zukunftschancen, besonders für die, die keine Arbeit haben. Ob sie nun Geld vom Staat, von allen Steuerzahlern, bekommen und nicht arbeiten oder ob sie nun offiziell Arbeit bekommen ist doch ein gewaltiger Unterschied. Die Mehrkosten für die Allgemeinheit wären durchaus zu ertragen und würden vielleicht gerne getragen, wenn Abfall abgeholt und fachgerecht recycelt würde.

Dass dieser Beruf größte Zukunftsaussichten hätte, zeigt sich schon in der Tatsache, dass die Trennung und Verwertung immer feiner, immer komplizierter und für den Laien immer undurchschaubarer wird. Hier werden Spezialisten gebraucht.

Ist das nicht eine Chance für den Arbeitsmarkt, eine Chance für den Staat. Arbeitslose werden zu „Müllern" ausgebildet.

Der Staat löst sein Arbeitslosenproblem, zumindest einen Teil. Die Arbeitslosen bekommen Arbeit und den ehrenwerten Stand der Erwerbstätigkeit.

Liebe Politiker, egal welcher Partei, hier können Jobs geschaffen werden. Oder nicht? Reduzierung der Arbeitslosenzahl. Kein Problem. Schlagzeile: *„Müll, der größte Arbeitgeber der Zukunft!"*

Nicht nur das Problem der Arbeitslosen ließe sich verkleinern, Karrieren könnten damit verbunden sein. Der Müllfacharbeiter mit Ausbildung und Aufstieg zum Müllmeister. Der Mülltechniker und Müllingenieur als nächsthöhere Ausbildungsstufen. Schulen, Ausbilder, Lehrer würden benötigt. Als Krönung das Universitätsstudium mit Promotion zum „Dr. Müll". Ein hoch wissenschaftlich arbeitendes Mitglied unserer Müll erzeugenden Gesellschaft.

Abfall wird zwar privat erzeugt, aber die Entsorgung und Wiederverwertung ist eine staatliche hoheitliche Angelegenheit. Gesetze, Verordnungen und Durchführungsbestimmungen regeln dann die Abläufe. Die Herzen der Umweltbewussten, der grünen Fanatiker würden höher schlagen und große Befriedigung würde sich breit machen ob der Tatsache, dass staatlich geregelt verfahren wird.

Logischerweise wird irgendwann eine Müllministerum notwendig sein. Dies bringt wieder hunderte von Menschen in Lohn und Brot.

Für Politiker, die sonst nicht viel zuwege bringen, wäre dieses Ministerium ein wundervoller Parkplatz. Sie müssten sich hier nicht viel Gedanken machen, sie müssten nur den Müll verwalten. Sie bräuchten nicht selbst aktiv werden, der Müll kommt auf sie zu. Wenn der Müllminister doch etwas bewegen wollte, dann kann er die Abfalltrennung immer mehr verfeinern. Auch wenn dieses sinnlos ist, würde er sein Ministerium aufwerten. In der Öffentlichkeit könnte er sich damit positiv präsentieren.

Diese hoheitliche Aufgabe der Abfallverwertung müsste auch äußere Zeichen haben. Was spricht gegen eine Uniformierung der Mitarbeiter. Farbe? Natürlich grün. Nicht so ein ausdrucksloses Grün wie bei der Polizei. Nein, ein helles leuchtendes, lebendiges Grün. Dazu moderne Rundkappen mit Schild, das je nach Sonnenstand vorn, seitlich oder hinten getragen werden kann.

Auf keinen Fall dürfen die Rangabzeichen fehlen. Nicht auf den Schulterklappen, nein, auf der außen aufgesetzten Brusttasche. Dem Gegenüber muss sofort gezeigt werden, mit wem er es zu tun hat. Der Einstreifen-, Zweistreifen-, Dreistreifen-Müllexperte. Deutschland hätte seine Erfüllung, Uniform und Ordnung. Wunderbar. Fehlt noch etwas?

Staatliche Aufgaben können nur durch Beamte in unbestechlicher und unabhängiger Weise durchgeführt werden. Also die Einführung des beamteten Müll- und Abfallexperten.

Hier wären sich alle Parteien im Bundestag einig, denn mit sauberer Umwelt lässt sich immer gut Pluspunkte sammeln.

Die Müllbeamten, die Säulen unserer Umwelt, die Sauberkeit unseres Staates. Mehr Arbeitsplätze nur durch Müll. Seid doch endlich einmal kreativ, ihr Politiker.

Was erlaube Fußball

„Was erlaube Struuuuunz". Dieser Satz war ein Hilferuf und nicht eine Klamotte. Mit seiner flammenden Anklage: „was erlaube Struuuunz" machte Trappatoni in seiner legendären Rede aufmerksam auf eine Tatsache im Fußball: viel Geld für sehr oft wenig Leistung.

Die Gagen, von Gehältern kann man hier nicht sprechen, der Profifußballer, zumindest in der ersten Liga, sind sattsam bekannt. Die sogenannten Stars verdienen Millionen, aber sie bringen die Leistung nur wenn sie Lust haben. Sie werden verhätschelt, gehegt und gepflegt und brauchen sich um nichts zu kümmern. Es liegt alles parat, die Trainingsbekleidung, die Schuhe, die Spielkleidung. Sauber geputzt und gebügelt. Sie müssen sich nur noch selbst anziehen. Nach dem Training, nach dem Spiel wirft man alles in die große Kiste. Der Zeugwart wird es richten.

Kennen sie eine Firma, bei der für die wichtigen Angestellten jeden Tag die Bekleidung im Büro bereit liegt? Kennen sie eine Firma, bei der die Berufskleidung gewaschen und gebügelt und die Schuhe geputzt werden?

Im Fußball ist dies der normale Standard, denn es sind ja Herren, die da kommen. Es sind die Stars. Kümmert sich ein Star um dreckige Hosen oder schmutzige Schuhe?

Weswegen dieser Aufwand dieses Verhätscheln? Die Kicker sollen sich auf ihre Arbeit in höchst möglichen Maß konzentrieren können. Die Konzentration war auch die permanente Aussage eines „intelligenten" brasilianischen Stürmers. Egal welche Frage der Reporter stellte, die Antwort war stets: *„musse konsentrier".* Das waren seine einzigen Deutschkenntnisse nach mehreren Jahren Aufenthalt in Deutschland. Es wurde ihm alles verziehen denn er schoss Tore vom Fließband.

Ja, es sind Firmen geworden, es sind keine Vereine mehr. Der professionelle Fußball hat mit dem Verein in fast allen Fällen nur noch dem Namen nach zu tun. In vielen Fällen wird der Verein nur noch als steuerlicher Schutzschild verwendet. Der Verein oder besser gesagt die Fußballfirma organisiert alles. Teure Hotels, mitreisende Köche, wichtige Psychologen und ein Ärzte- und Physioteam.

Was müssen die Herren Fußballer also noch tun? Nur Fußball spielen. Allerdings unter äußerst erschwerten Bedingungen. Sie müssen es in der Öffentlichkeit tun. Vor 50.000 Zuschauern im Stadion und Millionen von Zusehern an den Fernsehapparaten. Das Ganze müssen sie einmal in der Woche tun und als besondere Belastung auch zweimal in der Woche. Sind das nicht extreme Arbeitsbedingungen?

Es mag wohl jedermann verständlich sein, dass zweimal arbeiten pro Woche wirklich an die Substanz geht. Dies auch noch bei eineinhalb Stunden pro Arbeitstag.

Damit die Fußballprofis sich wirklich und zu hundert Prozent ihrer Bestimmung widmen können, haben sie Berater. Diese Menschen kümmern sich um Verträge, um Einkünfte, Geldanlagen und Medienpräsenz. Der Berater ist des Spielers wichtigster Partner.

Gerade bei den Verhandlungen über das Einkommen sind Spielern früher schon grobe Fehler passiert. Ein Ex-Nationalspieler war mit dem Angebot ein Drittel der Einnahme zu bekommen absolut nicht einverstanden. Er wollte mindestens ein Viertel haben. Also ein Berater ist wichtig.

Das Einzige was die Kicker machen müssen ist Fußball spielen. Es müsste doch möglich sein sich auf dieses zu konzentrieren und ein- bis zweimal die Woche Höchstleistung abzurufen. Körperliche Höchstleistung und geistige Höchstleistung, bei letzterer sollte man die Erwartungen nicht zu hoch ansetzen. Die körperliche Leistung kann ja im Training erworben werden. In vielen Fällen wird lustlos das Pensum im Training und im Spiel herunter gespult. Bezug zum Verein ist nicht vorhanden. Was interessiert so einen die Mannschaft, heute spiele ich hier morgen dort. Ich spiele nur für mich. Der am Wechsel per Provision verdienende Berater wird das schon richten.

Gedeckt wird das Ganze durch die Medien, denn sie können ohne Stars keine Auflagen erzielen. Ohne Schlagzeilen weniger Umsatz.

Also müssen alle Nebensächlichkeiten aufgebauscht werden, gerade dann wenn die Hauptaufgabe Fußball zu spielen nur ungenügend erfüllt wird. Ein gelungener Pass in 90 Minuten genügt oft, um hochgejubelt zu werden. Das Spiel ist in der Berichterstattung nur zweitrangig, die Besonderheiten sind gefragt.

Haut einer seinen Gegner stockvoll um, so wird das als Zeichensetzung bewertet. Hat er dann vor der Kamera geistige Aussetzer, bei Fußballern tritt das häufig auf, dann ist seine Schlagzeile gesichert. Benimmt er sich dann auch noch im Privatleben öfters daneben, dann ist er ein „Typ". Voraussetzungen, die befähigen in den Fußball-Medien zum Star zu werden.

Fragt sich nun wer macht den Star? Die Leistung auf dem Fußballplatz oder die schlagzeilenträchtigen Eskapaden außerhalb der Sportarena.
„Die Fans haben uns nicht genügend unterstützt" oder *„ich war nicht genügend motiviert"*.
Solche und ähnliche Sprüche aus dem Mund von Menschen, die in einem Jahr mehr verdienen als so ein Fan in seinem ganzen Leben. Wer muss wen motivieren?

Ist das die Motivation für einen Fußballspieler, wenn im Stadion neunzig Minuten gegrölt wird? Der gleiche Sing-Sang, unabhängig von der Spielsituation. Die geistvollen Inhalte, die Treueschwüre für den Verein. All dies wird über zwei Stunden lang hinaus gebrüllt.

Voller Inbrunst und voller innerer Überzeugung werden inhaltsschwere Gesänge geschrien, angetrieben durch Einpeitscher mit einem Megaphon bewaffnet.

„Olé, olé, olá nur der FC A"

„Olé, olé, olé nur der FC B"

Gesänge und Gebrüll so weit so gut aber getoppt wird dies alles durch die Hasstiraden. Der Schiedsrichter und einige ausgewählte Spieler des Gegners werden per Massenakklamation mit Schimpfwörtern der niedersten Sorte belegt. Optisch untermalt durch eindeutige Fingerzeichen und fratzenhaft verzerrten Gesichtern.

Dies ist doch schon ein Zeichen, dass hier eine Horde unterprivilegierter Menschen nur zum gemeinschaftlichen Schreien und Johlen ins Stadion kommt. Dass darunter noch eine Anzahl von Rowdys ist, die schreiend und prügelnd durch die Städte und Stadien ziehen zeigt deutlich, dass die sogenannten Fans, die von den Spielern, Vereinsvertreter und den Medien immer wieder als ihre wichtigsten Unterstützer angesprochen werden nichts anderes sind als eine Zusammenwürfelung von primitiven Menschen. Zivilisiertes Benehmen ist in diesem Gedankengut nicht vorhanden. Es wird der Eindruck erweckt, dass für die Zulassung als Fan ein IQ von unter 100 Voraussetzung ist.

Wenn sich jemand durch diese Aussagen beleidigt fühlt, so soll er sich doch einmal das Verhalten der „Fans" vor, während und nach dem Spiel live anschauen.

Einfach mal mit anderen Augen schauen und vor allen Dingen ein Spiel im Fanblock miterleben. Doch, Gott sei Dank, sind nicht alle Fußballanhänger durch eine vereinsfarbene Blendgranate erblindet und benehmen sich wie zivilisierte Menschen.

Zwischen total nüchtern und total besoffen, sind die in Vereinsfarben gekleideten Fans vor dem Spiel schon anzutreffen. Schon beim Einmarsch vor dem Stadion stehen an Zäunen und Büschen pinkelnde Männer, die das vorab genossene Bier nicht mehr bis ins Stadion auf die Toilette bringen können. Dabei singen sie sich schon warm. *„Ein Leben lang nur der FC A, B, C".*

Der Schniedel hängt zwischen dem Maschendraht und aus der Kehle schmettert der Fan das Vereinslied. Das nenne ich Fankultur. Wage es ja nicht einer der Fans des Gegners sich neben ihm zu erleichtern. Malen Sie sich aus was dann passiert. Manch einer aus der Gruppe der Fans schafft es auf Grund der Vorfreudenbiere nicht mehr bis ins Stadion. Schon beim Vorglühen verbrannt.

Ab ins Stadion, ab in den Fanblock. Hier ist man unter sich, hier ist man zu Hause, hier ist man in der Vereinsfamilie. Eine halbe Stunde einsingen. Es ist wie auf der großen Bühne bei den Heldentenören. Die Stimme in Stimmung bringen. Der Fan fühlt sich wie auf einer großen Opernbühne. Ein Wettsingen der Chöre. Auf der einen Seite die Hausherren auf der anderen Seite die Gäste.

Die Dirigenten haben keinen Taktstock, sondern ein Megaphon. Die Einpeitscher brüllen die Lieder in die Menge. die dann harmonisch und textfest einfällt. Schlachtgesänge links und Schlachtgesänge rechts. Vor dem Anpfiff dann noch zwei große Auftritte der fanatischen Anhänger. Die Choreografie. Das Hochhalten von farbigen Papier- oder Plastikfetzen, die dann von Weitem gesehen ein Bild oder das Vereinswappen zeigen. Diese Teile liegen schon vorbereitete auf den Sitzen. Der Vereinsanhänger muss nicht mehr denken, er muss nur noch auf ein Zeichen warten und dann hochhalten.

Der zweite Höhepunkt vor dem Spiel: das gemeinsame Lied, das internationale Lied aller Fußballfans. Kurz vor dem Anpfiff tritt die Verbrüderung der Vereinsmitglieder ein. Eng umschlungen mit schaukelnder Bewegung bestätigt jeder jedem, dass er nicht allein gehen muss.

„You never walk alone". Wie stimmungsvoll in bierseliger Vorfreude eingehüllt in Bierdunstnebel.

In diesen Momenten erlebt der Abonnent des himmlischen Fernsehsenders Sky einen Reporter, der, vor Rührung besoffen und vom Anblick der Choreografie benebelt, in das Mikrofon spricht.

„Was soll ich noch sagen, meine Damen und Herren, diese Atmosphäre ist einmalig". Oder er spricht von einer Gänsehautstimmung. Wenn dann noch ein Spiel unter Flutlicht stattfindet und die Fans zünden Wunderkerzen an, da versteigt sich der

himmlische Reporter schon im Oktober von Weihnachtstimmung zu sprechen.

Hallo liebe Sky-Reporter geht's noch? Seid ihr schon auf dem gleichen Niveau wie die von euch hofierten Fans?

Gelingt es einer Gruppe von „Fußballanhängern" Leuchtraketen und sonstiges Feuerwerk ins Stadion zu schmuggeln, ist der Lustgewinn optimiert. Irgendwann wird das Zeug gezündet und das Stadion in Licht und Rauch gehüllt. Die Zündler sind im Glück, es war ihr Auftritt. Der Fanblock johlt und krakeelt.

Das sind die Fans bei denen sich Spieler und Funktionäre bedanken. Wir brauchen eure Unterstützung, denn nur mit eurem Rückhalt werden wir zur Höchstleistung motiviert. Mittlerweile ist die „Fankultur" schon so weit gediehen, dass Zuschauerblöcke für Familien eingerichtet werden fernab von den Fanblöcken. Teilweise auch mit eigenen Zugängen und Parkplätzen. Warum wohl?

Keiner getraut sich diese Masse öffentlich zu kritisieren und Maßnahmen zu ergreifen. Es werden sogar Dinge hingenommen, die eigentlich Straftatbestand sind. Alles wird schön geredet damit der Fußball, die Gelddruckmaschine, weiter läuft.

Ein einziger Manager, Ulli Höneß, hat sich getraut und einmal die Wahrheit gesagt und die Fans mit deren Wortwahl angesprochen.

Wörtlich zitiert:
"Die Scheißstimmung, für die seid ihr doch zuständig und nicht wir. Es kann nicht sein, dass wir uns jahrelang den Arsch aufreißen und dann so kritisiert werden. Was glaubt ihr denn, wer ihr seid?"
Die Münchner Zeitungen und die deutschlandweiten Sportjournale betitelten den Wutausbruch als Skandal und als Kriegserklärung. Sie fürchteten den Verlust der Schlagzeilen oder den Verlust von Sensationen. Unter dem Druck der Presse musste Herr Höneß zurückrudern. Ein paar Tage später suchte der Klub in Sorge um ein „respektvolles Miteinander" den Dialog mit den Anhängern.

„Vielleicht ist das eine oder andere Wort mit etwas zu vielen Emotionen rübergekommen", hieß es in dem zweiseitigen Schreiben des Bayern-Vorstands. Eine Kapitulation vor der geistigen Bescheidenheit.

Den Freiraum den die Bundesligaklubs den sogenannten Fans gewähren grenzt schon an Körperverletzung. Anstatt die Rowdys, Hooligans und Sachbeschädiger aus den Stadien auszuschließen werden sie noch auf Kosten der Steuerzahler polizeilich geschützt. Sie werden zu den Spielen hingeführt und nach den Spielen bis zu ihren Heimatorten geleitet. Dieses Einknicken ist durch nichts zu rechtfertigen.

Die Klubs sind heute doch keine Fußballvereine mehr, sondern Wirtschaftsunternehmen.
Deswegen sollten auch ein guter Ruf und eine bestimmte Kultur vorhanden sein. Nicht die oben beschriebene Fankultur.

Da schreibt ein Bundesligaklub, der demnächst seine Profikicker in eine eigene Gesellschaft überführen will, einen neuen Slogan bei seinen Mitgliedern aus. Was kam dabei heraus?

„Furchtlos und treu". Drei Worte, die ein millionenschweres Unternehmen begleiten und kennzeichnen sollen? Furchtlos und treu, eine Aussage aus dem vorigen Jahrhundert, als es an allen Ecken Kriegsgeschrei gab.

Was hat das Wort Treue in einen Profifußballklub zu suchen, bei dem zu jeder Saison die eine halbe Mannschaft den Verein verlässt und eine halbe Mannschaft neu dazu kommt. Ach ja, die Treue der Fans ist gemeint, die treu und brav jeden Samstag ins Stadion gehen und dort mit viel Radau und schlechtem Benehmen die Kicker motivieren. Und mit furchtlos ist wohl der Einsatz bei Auswärtsspielen gemeint bei dem man raketenzündend und schlägernd seine Farben vertritt.

Was ist das für ein Vereinsvorstand, der so einen Slogan zulässt? Für ein Wirtschaftsunternehmen undenkbar. Als Verantwortlicher muss ich mir doch die Frage stellen: lockt so eine Aussage des Vereins seriöse Investoren an? Gutes Marketing sieht anders aus.

Zu einem weiteren „Highlight" des professionellen Fußballs haben sich die himmlischen Reporter des Bezahlfernsehsenders Sky entwickelt. Es wird nichts ausgelassen, um den bezahlenden Live-Zuseher auf niedriges und billiges Niveau herunterzuziehen. Die Interviews vor und nach dem Spiel sind absolut nichtssagend. Vor dem

Spiel wird über taktische Ausrichtungen und Möglichkeiten diskutiert. Alles nur Spekulationen, Vermutungen und Gelaber. Bohrende Fragen, die sich immer wiederholen, um einer eventuellen Neuigkeit auf die Spur zu kommen. Für einen einigermaßen gescheiten Fußballanhänger eine Qual.

Etwas ganz besonderes sind die Experten im Studio. Abgehalfterte Profis, die noch ein paar tausend leicht verdiente Euros abkassieren. Sie sprechen vorher, über was sein könnte, wenn etwas wäre. Sie reden über Spielsysteme und möglichen Möglichkeiten. Nach dem Spiel erzählen sie mit wichtiger Miene das alles, was jeder Zuschauer selbst gesehen hat als große analytische Erkenntnis eines Experten. Sie erklären in Nachhinein, was der Trainer sich während Spieles gedacht hat. Haben sie telepathische Fähigkeiten?

Sie sitzen dabei bei Kaffee oder anderen Getränken im Sessel. Dass ihre wichtigen vor dem Spiel vorgetragenen Prognosen nicht eingetreten sind, verschweigen sie. Frage: Brauchen wir solche Dampfplauderer?

Weitere Höhepunkte im himmlischen Bezahlfernsehen sind die direkten Spielerbefragungen nach dem Spiel. Sie sind geprägt von einer geistigen Einfachheit, sowohl vom Fragesteller wie auch vom Beantworter.

Kann man überhaupt erwarten, dass die Fußballer direkt nach dem Abpfiff irgend etwas Bedeutendes von sich geben. Warum lässt man dies nicht sein?

In vielen Fällen ist es nur eine Vorführung in der Erwartung eines schlagzeilenträchtigen Spruchs. Dumme Fragen an nicht so sehr kluge Burschen. Was kommt dabei heraus? Dumme Antworten.

Frage:

„Wie gehen sie mit dieser Niederlage um"

Antwort:

„Wir müssen jetzt die Köpfe hochkrempeln und die Ärmel auch."

Frage:

„Wo spielen sie in der nächsten Saison"

Antwort:

„Mailand oder Madrid, Hauptsache Italien"

Frage:

„Es sieht so aus als hätten sie sich schwerer verletzt"

Antwort:

„Ich hab gleich gemerkt, das ist ein Druckschmerz, wenn man drauf drückt"

Frage:

„Was halten Sie von diesem 0:0"

Antwort:

„Ich denke der Ball ging hin und her"

Für wen sind denn eigentlich diese direkten Interviews nach dem Spiel gedacht? Für die Doofen oder für die ganz Doofen?

Es ist doch nicht zu erwarten, dass hier irgendwelche relevanten Antworten zustande kommen.

Ist es denn einem normal denkenden Menschen nicht zu blöd sich an den Spielfeldrand zu stellen und irgendwelche unnütze Fragen zu stellen.

Anscheinend ist dieser Job so gut bezahlt, dass sich genügend Menschen dafür hergeben. Ein anderer Ansatz: es melden sich für diesen Job zu wenig also nehmen wir jeden.

Nicht nur bei den Fans ist nicht viel im Kopf. Auch bei vielen Profis ist der Kopf nur für das Kopfballspiel da. Ein Trainer hat einmal aus der Schule geplaudert. Sinngemäß zitiert:

„vier bis fünf ganz Blöde hast du immer dabei, wenn sie nicht Fußball spielen könnten, würden sie unter Brücke landen".

Der Fußball ist doch nur noch Mittel zum Zweck. Für die Medien und viele andere eine Geld-druckmaschine, deswegen muss auch jeder Blö-dian mit dabei sein und jeder Blödsinn verbreitet werden.

Für Funktionäre ist der Fußball eine Plattform um das eigene Ego zu pflegen. Ein tolles Leben als „very important person".

Wenn jemand jetzt auf den Gedanken kommt, ich sei ein Fußballhasser, für den muss ich mich outen. Ich bin ein Fußballverrückter, ich liebe die-sen Sport und schaue mir stundenlang Fußball im Fernsehen an und an vielen Wochenenden auch den Amateurfußball in der Region. Ich empfinde Freude und Emotion.

Doch frage ich mich, müssen wir uns mit den ne-gativen Auswirkungen abfinden. Müssen wir mit ansehen, wie sich die „Fußballstars" auf dem Platz schlecht benehmen. Bei jeder Schiedsrich-terentscheidung wird reklamiert. Bei jedem Foul, sei es noch so brutal, werden die Hände gehoben und der Blick sagt: ich habe doch nichts gemacht. Wird der gleiche Spieler in gleicher Weise „behandelt" dann wälzt er sich oscarreif und jammert, um dann wieder weiterzuspielen als sei nichts gewesen. Aber nicht ohne noch den Platzverweis für den Gegner gefordert zu haben.

Der Einwand der sogenannten medialen Fußballsachverständigen, dass dieses Spiel von den Emotionen lebt, ist Quatsch. In allen Sportarten leben die Emotionen, das hat nichts mit schlechtem Benehmen zu tun. Selbst in viel stärker körperbetonten Sportarten (Handball, Eishockey oder Boxen) wird die Entscheidung der Referees kommentarlos akzeptiert. Das ungebührliche Verhalten der Fußballspieler auf dem Platz fordert die Fans heraus, die sich dann wild gebärden und mit nicht schreibbaren Worten den Schiedsrichter titulieren.

Mit großem Bedauern sehe ich wie im Amateur- und Jugendbereich die Verhaltensweisen und Umgangsformen von den Profikickern und Profiklubs abgeschaut und imitiert werden. Die Schiedsrichter werden beleidigt und auch noch tätlich angegriffen.

Ich sehe auch wie Amateurvereine durch Wichtigtuer und Möchtegerns mit kurzfristigen Geldengagements kaputt gemacht werden. Ich sehe auch wie sich die Funktionäre der Fußballverbände in der Öffentlichkeit baden, beschienen von der Mediensonne. Eine wahrlich stolze Aufgabe für diese Fußballverantwortlichen wäre es mehr Sauberkeit und Anstand in diesen Sport zu bringen. Bestraft die Rüpel auf den Rängen härter und verhängt gegen die Schauspieler und Reklamierer auf dem Rasen längere Sperren und spürbaren Geldstrafen. Glaubt mir, die lernen alle sehr schnell.

Dies muss ein Ansatz für den DFB sein hier einzugreifen und sich nicht nur im profitablen weltmeisterlichen Glanz zu sonnen. Der Amateurfußball ist die Basis und hier dürfen sich diese Unarten nicht ausbreiten.

Ich erlaube mir als Fußballfreund kritisch und scharf die Entwicklung, die Umstände und das Umfeld dieser Sportart zu betrachten. Zum Vorteil des Fußballsports.

Stadtführung

Man steht zumeist im Halbkreis rum
Mund halb offen, schweigend stumm
Und lauscht dem Führer dieser Stadt
Was die so anzubieten hat
Historisches im Überfluss
Entspringt jetzt seinem Redefluss
Auch über die modernen Bauten
Lässt er Bedeutendes verlauten
Du horchst was der da vorne spricht
Es ist so wie im Unterricht
Es redet einer es hört der Rest
Im Thema ist er sattelfest
Du kannst in Häusern und Museen
Kunst und Werke dir besehn
Statuen Möbel und auch Bilder
Ritter mit und ohne Schilder
Türme Häuser Festungsmauern
Kirchen lassen dich erschauern
Ob der Leistung der Gestalter
Im Vor- und Nach- und Mittelalter
Zahlen Fakten werden viel genannt
Die meisten sind dir unbekannt
Schlingst die Daten in dich rein
Blickst hierhin und auch dort hinein
Schaust auch nach oben ganz devot
Trittst unten in den Hundekot
Säuberst dich von diesem Tritt
Kriegst wieder nur die Hälfte mit

Die Führung endet irgendwann
Der Führer auch nicht ewig kann
Entfernt sich dann mit flottem Schritt
Nimmt gerne noch ein Trinkgeld mit
Der Hunger nach Wissen ist gestillt
Was aber für den Magen noch nicht gilt
Du suchst dir eine Wirtschaft aus
Freust dich auf einen guten Schmaus
Gönnst dir auch ne Halbe Bier
Als frisch belebend Elixier
Befriedigt dann von Bier und Essen
Sind Zahlen Fakten schnell vergessen

Gerstensaft

Freundlich grinst der Gerstensaft
Du kleine Flasche braune
Verschönerst mir die Zimmerhaft
Verbesserst meine Laune

Freundlich grüßt das blonde Helle
Kopfbekränzt mit weißem Schaum
Komm und sei mir der Geselle
Zu vergessen Zeit und Raum

Freundlich lockt das Malzgetränk
Lächelnd mit dem Etikett
Bist ein so wunderbar Geschenk
Gibst mir die Schwere für das Bett

Freundlich winkt des Brauers Sud
Sitz mit dir ganz traumversunken
Fühl mich jetzt als Tunichtgut
Ich glaub ich bin betrunken

Oktoberfest

Hoch die Maß wenn auch nicht voll
Oktoberfest ist einfach toll
Viele Menschen auf einem Haufen
Versammelt um sich zu besaufen
Überall herrscht Heiterkeit
Der Kopf von allem Geist befreit
Es wird gehüpft es herrscht der Jubel
Ein jeder freut sich in dem Trubel

Bekleidung ist meist nicht zivil
Beim Fest regiert der Landhausstil
Die Männer tragen immerzu
Kariertes Hemd und Haferlschuh
Und pressen dann erbarmungslos
Den Ranzen in die Lederhos
Und zeigen egal wie sie gewachsen
Die behaarten nackten Haxen
Die Weiber sind sehr farbenfroh
Tragen bajuwarisches Trikot
Dirndl mit Rüschen und Plissee
Ein gut gefülltes Dekolletee
Fehlt´s bei mancher an der Fülle oben
Dann wird gestützt und angehoben
Auffallen ja um jeden Preis
Schaut her ich bin die schönste Geiß

Auf die Bänke wird geklettert
Lieder werden laut geschmettert
Es wird fast immer nur gegrölt
Die Stimmen sind schon ausgehöhlt
Wird auch kein Ton mehr gut getroffen
Die Hauptsache das Maul ist offen
Die Hände zum Himmel wird gesungen
Der Nachbar wird auch fest umschlungen
Und wird gestreichelt lieb und nett
Die Finger noch vom Hendl fett
Die Kapelle heizt die Massen auf
Die Menschen auf den Bänken drauf
Sind alle sich nun herzensnah
und brüllen es lebe die Bavaria
Der Tusch kommt zehnmal in der Stund
Die Krüge fliegen dann zum Mund
Die Mäuler sind dann weit und offen
Auf Kommando wird gesoffen

International ist dieses Fest
Bei dem sich freudig feiern lässt
Die ganze Welt im Schulterschluss
Verbrüderung ist hier ein muss
Italiener erscheinen dann in Massen
Wehe wenn die losgelassen
Sie finden im bayerischen Bier ihr Glück
Den Weg über den Brenner nur schwer zurück
Auch die Japaner und die Chinesen
Vergessen hier ihr schüchtern Wesen
Stemmen auch so manchen Krug
Haben zum Fest gar kein Bezug

Glauben diese Wirklichkeit
Sei bayerische Gemütlichkeit
Der Moslem ist hier nicht dabei
Denn Alkohol ist Schweinerei

Der Alko-Pegel steigt ernorm
Es lockert sich die Umgangsform
Der Trieb der sexuelle steigt
Schnell ist man sich auch zugeneigt
Es wippt des Dirndls Oberteil
Die Männer sind dann obergeil
Und liegt der Busen blank und bloß
Ist Aufruhr in der Lederhos

In Zelten geht es täglich ab
So mancher macht schon zeitig schlapp
Firmiert als alkoholisierte Leiche
Jeden Tag ist es das Gleiche
Am Maßkrug wird nicht Maß gehalten
Man sieht dann torkelnde Gestalten
An allen Ecken und auch Winkeln
Stützend stehn und kräftig pinkeln
Ist der Weg zu weit zum bieseln
Da lässt er´s links hinunter rieseln

Dies ist des Bayern größtes Fest
Das man sich auch was kosten lässt
Egal wie hoch des Bieres Preis
Egal wie teuer auch die Speis
Auf der Wiesn sitzt die Kohle locker
Keiner bleibt dann Stubenhocker

Dabei sein mit und ohne Tracht
Saufen singen dass es kracht
Um diese Traditionen zu genießn
Geht alles auf die Münchner Wiesn
Gesang und Suff und Fröhlichkeit
Ein Prosit der Gemütlichkeit

Der Genießer auf dem Oktoberfest
Zur ruhigen Zeit sich niederlässt
Zur Mittagswiesen kommt er her
Den Trubel mag er nicht so sehr
Trinkt seine Maß mit viel Genuss
Auf keine Bank hinauf er muss
Die Musik spielt ganz schöne Lieder
Ein bissel brav ein bissel bieder
Das Hendl hat ihm so geschmeckt
Dass er die Finger sauber schleckt
Bestellt sich noch die zweite Maß
Macht mit der Bedienung einen Spaß
Er sitzt und freut sich seiner Zeit
Das ist für ihn Gemütlichkeit
Bevor der der Rummel dann beginnt
Macht er sich aus dem Staub geschwind
Zieht sich schnell noch eine Priesn
Verlässt an diesem Tag die Wiesn
Geht nach Hause mit geradem Schritt
Bringt seinem Spatzl ein Herzerl mit

Die Filzlaus

Die Universität New South Wales in Australien hat festgestellt: die Filzlaus, einst extrem verbreitet, heute wird sie kaum noch gesehen. Sie ist vom Aussterben bedroht. Die Bein-, Achsel- und Schambehaarung wird immer mehr entfernt. Der angestammte Lebensraum der Filzlaus wird dem Tier einfach geraubt.

Was für eine erschreckende Erkenntnis. Aber nicht nur diese Erkenntnis ist erschreckend, viel erschreckender ist die Tatsache, dass sich niemand darüber aufregt. Kein Aufschrei aus grün kontaminierten Gehirnen, kein Aufschrei aus der sonst so wachsamen Szene Naturschutz. Das ist nicht normal. Wir sind doch daran gewöhnt wegen drei toten Fischen oder vier kaputten Maikäfern gewaltige Inszenierungen zu hören. Nach dieser veröffentlichten, wissenschaftlichen Erkenntnis hört man nichts. Stille, kein Appell, nicht mal ein mahnender Beitrag in den Medien. Hier ist eine Tierart in Gefahr und die sonst so allgegenwärtigen und sensitiven Wächter rühren sich nicht.

Diese kleinen Tierchen, mit dem lateinischen Namen phthirus pubis oder umgangssprachlich gemeine Sackratte genannt, werden von der Erde verschwinden. Das Sterben der Filzlaus wird ignoriert.

Warum verhalten sich Beschützer und Bewahrer aller Tierarten so? Sehr wahrscheinlich ist das Image der Filzlaus zu schlecht. Die Arten-Vielfalt-Denker sollten doch einmal überlegen, welche Möglichkeiten ihnen die Filzlaus vielleicht noch einmal bieten kann. Die vom Aussterben bedrohten Tierarten, auch Pflanzenarten, eignen sich vorzüglich zur Verhinderung von Projekten. Sind irgendwelche Organisationen gegen ein Projekt und haben sie keine vernünftigen Argumente mehr dagegen, dann wird ein Aufhänger gesucht. Der Bund Naturschutz mit seinen Richtlinien lässt sich hier immer trefflich benutzen.

Als Beispiel soll hier der Juchtenkäfer dienen, osmoderma eremita oder einfach Eremit genannt. Weniger als ein Promille der Bevölkerung wusste überhaupt, dass es diesen Käfer gibt. Erst seit den Diskussionen über den Bahnhof Stuttgart 21 ist diese Unterordnung der Rosenkäfer in das Bewusstsein der breiten Bevölkerung gerückt. Er wurde benutzt, um den Bau des neuen Stuttgarter Bahnhofs aufzuhalten. Nachdem es rechtlich keine Möglichkeiten mehr gab, wurden die notwendigen Baumfällarbeiten zum großen Theaterdonner. In einigen von diesen Bäumen lebt besagter Juchtenkäfer. Dieser Käfer, den vorher keiner kannte, der auch keinem nutzt und der 90 % seines Lebens in einer Baumhöhle verbringt, wird plötzlich zu Medienstar.

Dank einer plüschig ausgebauten deutschen Justiz ergaben sich in Stuttgart schier unerschöpfliche Möglichkeiten der Verzögerung und Verhinderung des Projektes. Warum?

Der Juchtenkäfer, der Eremit, steht auf der FFH-Liste (Fauna- Flora- Habitat Richtlinie). Deshalb muss er geschützt werden.

Aber warum steht er auf dieser Liste? Nicht wegen irgendeiner Nützlichkeit. Er steht einfach dort, weil er zur Artenvielfalt gehört und vom Aussterben bedroht ist. Er unterliegt damit einem besonderen Schutz. Frage: Gelten die gleichen Voraussetzungen nicht auch für die Filzlaus?

Sie gehört zur Artenvielfalt und ist vom Aussterben bedroht. Also müssten sich hier doch auch die allgewaltigen Schützer zu Wort melden und entsprechend darauf aufmerksam machen. Die Filzlaus muss folglich auch auf die FFH Liste gesetzt werden. Sie ist zudem viel bekannter als der Juchtenkäfer und der Bezug zum Menschen ist deutlich enger.

Nicht nur in Stuttgart auch an vielen anderen Orten in unserer Wohlstandsrepublik wird mit dem Argument Natur- und Artenschutz eine Verzögerungs- und Verteuerungspolitik betrieben. Die Verzögerung von Bauprojekten kosten uns hunderte von Millionen mehr, nur weil irgendjemand eine seltene Falterart gefunden hat. Medial und juristisch unterstützt prügeln sich die Projektgegner mit der Exekutive unter dem Vorwand des Naturschutzes zur Durchsetzung ihrer Meinung.

Warum wird für die vom Aussterben bedrohte Filzlaus kein Medienaufstand zelebriert?

Warum organisiert der Bund Naturschutz keine Straßendemonstrationen?

Warum rufen die grünen Vordenker zu keiner Spendenaktionen auf zur Rettung der Filzlaus?

Nur, weil der Mensch sie zum Ungeziefer erklärt hat. So einfach ist es. Dabei ist sie vielleicht das älteste Haustier des Menschen. Lange vor Hund und Katze lebte sie beim Menschen, inniger und intensiver.

Doch nun zu einer theoretischen Überlegung. Würde der Juchtenkäfer bei uns im Haus herumkrabbeln, er müsste ja nicht einmal auf unserem Körper leben, würden wir ihn zum Ungeziefer erklären. Damit wäre sein Untergang besiegelt.

Eine weitere theoretische Überlegung. Würde der Juchtenkäfer in seinem jetzigen Lebensraum in den Bäumen leben und in unseren Haushalten. Wie würde sich die Gesellschaft dann verhalten? Im Lebensraum Haus würde die Gesellschaft den Käfer zum Ungeziefer erklären und ausrotten. Für den Lebensraum Baum würde die Gesellschaft schreiend und prügelnd auf die Straße gehen, damit er uns erhalten bleibt. So viel zur Einstellung unserer Gesellschaft.

Zumindest sollten wir der Filzlaus eine Chance zum Überleben geben. Wenn schon nicht bei uns am Körper, dann wenigstens im Zoo. Dort wo die artgerechte Haltung von Tierarten gewährleistet ist. Wie wäre das nun zu bewerkstelligen?

Die einfachen Lösungen sind die besten. Wir haben doch noch eine große Anzahl von gewaltig behaarten Menschen. Besonders unter den Grünen, den Naturschützern und den sonstigen Alles-Schützern finden sich sehr oft prächtige Exemplare, bei denen sich der natürliche Haarwuchs ungebremst entwickeln darf.

Wenn diesen ewig lamentierenden Schützern so viel Wert an der Erhaltung von bedrohten Tierarten liegt, könnten sich jene haarigen Prachtexemplare tageweise zur Verfügung stellen. Zum Beispiel in öffentlichen Gehegen oder in terrariumartig gestalteten Glaskästen. Der Filzlaus könnte damit ein sehr natürlicher Lebensraum geboten werden. Morgens ansetzten und abends abpflücken.

Rettet die Filzlaus!

Vögel

Die Amsel sitzt in dem Geäst
Und pfeift so für sich hin
Der Kater sich lauernd niederlässt
Hat Böses nur im Sinn

Die Amsel hört jetzt auf mit Pfeifen
und sträubt ihr schwarz Gefieder
Der Kater will jetzt nach ihr greifen
Versucht es immer wieder

Die Amsel spricht: ein guter Rat
Entferne dich ganz schnell
Der Kater dies einfach nicht tat
Da kackt der Vogel ihm aufs Fell

Die Drossel dort im Garten saß
Schaut ob sich dort was regt
Sieht jetzt im grünen Wiesengras
Den Wurm der sich bewegt

Die Drossel hüpft zu ihrem Fund
Und freut sich auf die Beute
Da rast heran des Hauses Hund
Beendet ihr die Freude

Die Drossel flott die Flügel schwingt
Entfleucht mit einem tirili
Vom Baum sie dann hinunter singt
Du blöder Hund du kriegst mich nie

Der Fink kommt in der Vielzahl vor
als Grün-, als Distel- und als Buch-
singt fröhlich in ein jedes Ohr
bei uns im Garten zu Besuch

Der Mensch der liebt nicht den Gesang
Grad wenn er seine Ruhe will
Es stört ihn mächtig dieser Klang
Der Fink der ist nicht still

Der Mensch verscheucht ihn trivial
Mit einem lauten Husch
Der Fink der denkt du kannst mich mal
Singt fröhlich weiter in dem Busch

Der Star auf einem Baume sitzt
Und verlustiert sich an der Kirsch
Der Knabe nach dem Vogel spitzt
Liegt lauernd auf der Pirsch

Der Star der hat ihn gleich erblickt
Hat fest ihn in der Pupille
Der Knabe versucht jetzt ganz geschickt
Zu laden seine Zwille

Der Star der sieht das Böse kommen
Macht einen seitwärts Stepp
Und ruft als er davongekommen
Ich bin der Star und du der Depp

Die Entdeckung der Gelassenheit

Unter einem Südeuropäer stelle ich mir immer eine laute, eine leichtlebige, eine temperamentvolle Lebensweise vor. Ein Urlaub auf Kreta hat mir eine andere Art mediterranes Leben gezeigt. Die griechische Variante.

Die Griechen sind gelassen. Sie sind gelassen in der Art, wie sie ihren Tag gestalten. Sie gehen anders mit der Zeit um. Die Zeit ist für uns in Deutschland etwas, das wir benutzen. Zeit ist etwas das arbeitet, Zeit ist etwas das wir in Werte umsetzen. Die Zeit ist etwas das wir verwalten. Die Zeit ist für uns ein Werkzeug, sie ist ein ganz notwendiges Instrument. Zeit ist Geld.

Für den Griechen ist die Zeit ein Besitz. Sie ist ein Teil seiner Person, sie ist ein etwas in dem er lebt. Die Zeit ist für ihn etwas Reichliches das er jeden Tag hat. Sie ist nicht etwas das ihn treibt oder ihm Druck erzeugt. Sie ist für ihn kein knappes Gut. Gelassen wie der Grieche mit der Zeit umgeht. Diese Gelassenheit zeigt er auch bei seiner täglichen Arbeit. Nicht die höchstmögliche Effektivität ist das Ziel, sondern die Tatsache, dass er arbeitet ist sein Ziel. Ich habe nirgends eine hektische, geschäftige Betriebsamkeit gesehen. Die Menschen arbeiten in und mit ihrem ganz persönlichen körperlichen und geistigen Rhythmus. Das Ziel ist die Beschäftigung.

Der Grieche ist mit dem Wenigen zufrieden, er ist mit dem zufrieden was er erwirtschaftet. Wenn es zum Leben reicht, dann reicht es ihm.

Gelassenheit zeigt der Grieche auch bei der Umwelt. Den von ihm produzierten Müll betrachtet als notwendiges Übel. Irgendwann wird der gefüllte Plastiksack abgeholt werden. Wenn nicht heute, dann morgen oder übermorgen. Die alten Autos werden an der Stelle ihres Versagens abgestellt. Irgendjemand schlachtet das Brauchbare aus. Das Wrack bleibt und harrt einer Abholung oder der Verrottung vor Ort.

Gelassenheit ist wie der Grieche die halbfertigen Bauten hin nimmt. Überall stehen angefangene Häuser in der Landschaft. Sie sind Schandflecken. Grüne Hügel durchsetzt mit modernen Steinmonumenten. Betonplatten, Säulen und Wände ohne Sinn. Gebaut um sofort Ruine zu sein. Umweltbewusstsein und Schönheit seiner Landschaft interessieren den Griechen nicht.

Gelassen, wie der Grieche vor seiner Behausung an der staubigen Landstraße sitzt und einfach nur sitzt. Die Autos fahren vorbei, die Touristen gehen vorbei, der Grieche sitzt und schaut. Er meditiert nicht, er sitzt in seinem Raum Zeit. Die Zeit ist für ihn Lebensraum, sie ist die Kugel in der er lebt, die ihn umgibt. Die Zeit ist da, der Grieche nimmt sich diese Zeit.

Kreta, die Entdeckung der Gelassenheit.

Nachbetrachtung

Als ich 2004 im Urlaub auf Kreta diese Gedanken niederschrieb, war mir nicht bewusst, welche Brisanz das Thema Griechenland noch bekommen würde. Hätte man dies nicht kommen sehen?

Mit der oben beschriebenen Gelassenheit haben die Griechen regiert und sich regieren lassen. Es war nicht wichtig Steuern einzutreiben. Vielleicht zahlt der Steuerschuldner oder zahlt er vielleicht nicht. Dies alles wurde und wird mit einer endlosen Geduld betrachtet. Solange irgendwo Geld vom Staat kam und kommt, war und ist alles in Ordnung. Solange man sich mit einem kleinen Bakschisch durchmogeln konnte, war und ist alles in Ordnung.

Der Krug geht so lange zum Brunnen, bis er bricht und nun ist er kaputt. Kein Wasser, sprich Geld, mehr. Auch dies wird der Grieche mit seiner Gelassenheit überstehen.

Gefühlte Weihnachtszeit

Und jetzt ist sie wieder da die gnadenbringende Zeit, die Zeit der großen Gefühle, die Zeit der gütigen und liebevollen Verständigung, die Zeit der aufgeforderten Hilfsbereitschaft. Es ist der große Appell an die Wohltätigkeit, denn das Wohltätergefühl ist ein großes Gefühl.

Der Aufruf kommt mit der Post. Der Briefkasten ist in den Wochen vor Weihnachten voller als sonst. Die Briefe sind etwas dicker, da sie etwas beinhalten. Geschenke sind es. Kalender, Musik CDs mit schmalzigen Weihnachtsliedern umrahmt von gefühlsschwangeren Bittschreiben. Als ganz gefühlskalter Kontrast ein Überweisungsvordruck bei dem nur noch der Spendenbetrag einzutragen ist.

Diese Erinnerung an die Not der Welt, an die Not von Kindern ist ein sich vervielfachender Bestandteil der Vorweihnachtszeit. Eine getätigte Spende zieht drei neue Bittsteller nach sich. Ich fühle mich hier hineingezogen. Das vorab geschickte Geschenk übt den Druck aus. Wenn ich jetzt nicht spende, muss ich das Gefühl haben etwas zu Unrecht angenommen zu haben. Mein Gefühl sagt mir aber, dass dieses Geschenk der Wohltatsfirma etwas gekostet hat und eigentlich meine Spende mindert. Ich spende trotz allem meistens einen Zehner.

Weihnachtsgefühle müssen früh entwickelt werden, sagen die Marketingexperten, deswegen sind Nikoläuse, Lebkuchen und Dekorationsartikel auch frühzeitig bereitgestellt.

Der frühe Vogel fängt den Wurm sprich das Geld der Kunden. Damit wird die Weihnachtszeit schon im Oktober gestartet. Die drei Monate vorher aufgestellten Türme von weihnachtlichen Süßigkeiten in den Supermärkten ärgern mich so sehr, dass ich sie am liebsten mit dem Einkaufswagen umfahren möchte, um meinem Gefühl der Ablehnung lautstark Ausdruck zu geben.

Der erste Advent ist schon der allerletzte Termin, um sein Seelenleben auf Weihnachten einzustellen. Der Psychodruck ist schon stark geworden. Die Weihnachtsmärkte sind schon eine Woche vorher geöffnet damit jeder sich lange genug an Weihnachtsgefühlen laben kann.

Die öffentlichen der Jahreszeit typischen Beleuchtungsarten sind schon gestartet. Auch die privaten Beleuchtungen sind ebenfalls frühzeitig eingerichtet. Die ersten Firmen haben ihre betrieblichen Weihnachtsessen schon vor dem Advent hinter sich. Der lange Höhepunkt hat begonnen. Die süßlichen, rührseligen Gefühle kommen autobahnbreit daher.

Durch das Radio werde ich auch fleißig in die richtige Stimmungsrichtung gelenkt. Amerika grüßt stündlich mit „white christmas", „Jingle bells" und einem Song auf ein rotnasiges Rentier. Dazwischen die deutschen Weihnachtslieder, mal klassisch gesungen und gespielt, mal in Rock-

oder Popversion. Die Häufigkeit wird kurz vor dem 24. Dezember gesteigert, um zum Höhepunkt noch einmal einen besonderen Gefühlsschub zu erzeugen.

Jeder Sender hat sich auf die Fahne geschrieben „Gutes zu tun". Aufruf zu Spenden, es ist ein wirklich edler Spendenwettbewerb. Alles, was sich selbst zur Prominenz zählt, sagt sein Sprüchlein mit großen und die Seele bewegenden Worten auf. Ich sollte dann vor Mitleid zerfließen und sofort zur Brieftasche greifen. Ich greife nicht zur Brieftasche, mein Gefühl lässt sich von diesen Wichtigtuern nicht vorführen und nicht manipulieren. Gerne würde ich sehen was die sogenannten Prominenten in der Relation zu ihrem Einkommen spenden.

In vielen Bistros und Kneipen wird zur X-mas Party eingeladen. Ich fühle mich nicht eingeladen. X-mas Party klingt doch viel cooler als Adventsfeier und was sich dort abspielt, hat auch vom Charakter her nichts miteinander zu tun. Der zeitliche Anlass ist den meisten Gästen bekannt aber der Event findet in einer anderen Gefühlswelt statt. Es gibt Spaß, Erleben und Trallala. Eigentlich liegen Weihnachten und die Adventszeit doch mitten im Fasching, zwischen dem 11.11. und dem Rosenmontag. Also ist Verkleiden erlaubt, also setzt sich jeder so eine rote Zipfelmütze auf, also wird die Nase rot angemalt.

Die ganze Weihnachtszeit ist eine Zeit der Lichter. Überall leuchtet und blinkt es an und in den Häusern, an und in den Gärten.

Die Menschen zeigen ihre Gefühle und ihre Weihnachtsstimmung mit glitzernden Lichtern. Stecker in die Dose, Lichterglanz an, Weihnachtsgefühl starten.

An den Hauswänden und an den Balkonen sehe ich die rotweiß befrackten und mit Zipfelmützen behüteten Weihnachtsmänner hängen. Es sieht für mich so aus als wäre es eine flächendeckende Turn- und Kletterstunde für Gabenbringer. Ich frage mich aber, bringt er etwas oder holt der etwas? Was hat der am Balkon zu suchen?

Diese Hampelmänner hängen dann von Mitte November bis Mitte Januar, mit Schnee bedeckt, angefroren, aufgetaut oder vom Regen durchweicht. Die Menschen, die solche Figuren zur Schau stellen, haben das Gefühl sich für eine geschmackvolle weihnachtliche Ausschmückung ihres Heimes entschieden zu haben.

Die Beleuchtungen und Dekorationen in und an den Häusern, in den Vor- und Hintergärten sind allgegenwärtig. Sie trotzen der Energie- und Finanzkrise. Die normale weiße Kerzenbeleuchtung eines Tannenbaumes reicht nicht mehr aus. Auch sind die verwendeten Motive schon lange nicht mehr nur in der Weihnachtswelt zu suchen. Bunte Herzen, Leuchtstäbe, Girlanden, Kreise leuchten und flackern oder erscheinen als Lauflichter.

Obwohl die Winterfarbe weiß ist, als Ausdruck von Kälte und Eis, wird es immer bunter. Rot ist Trendfarbe. In manchen Fenstern ist die rot blitzende Dekoration so penetrant, dass man sich wie im Rotlichtviertel fühlt. Es fehlt lediglich das frische Fleisch im Fenster. Farbige Lichtreflexe, die aufrütteln:

„Hallo Herr Nachbar bei mir weihnachtet es schon und schau mal wie schön".

Ich mache da nicht mit und bin damit nicht nur der gefühlte Außenseiter.

Da gibt es noch eine Stelle, an der ich mein Gefühlsmoment der Besinnlichkeit der Vorweihnachtszeit ausdrücken könnte, der Weihnachtsmarkt. Die gemütliche Enge zwischen den Buden, die Vermengung aller Düfte, die menschliche Nähe. Das ist Adventszeit pur. Es ist die stille Zeit, die Zeit der Einkehr, die Zeit des tiefen Gefühls. So wird es gerne beschrieben. In Wirklichkeit ist es die Zeit des Events in der Kälte.

Es schart sich alles nur um die Glühwein- und Bratwurststände. Es stinkt nach altem Öl und klebrig süßem Saft. Zwischen den Weihrauch- und Parfümdüften auch noch die speziellen menschlichen Düfte. Ich werde geschoben und geschubst habe Glühwein auf dem Mantel und den Senf an der Backe. Das friedliche und den Nächsten liebenden Gefühl steigt in mir hoch und ich schaue lächelnd verzeihenden in Richtung des oder der Übeltäter. Ich fühle mich deplatziert.

Die Stimmung steigt, Gesang zu den seit Stunden im regelmäßigen Rhythmus ablaufenden Liedern. Die Gesichter röten sich. Der eine hat einen Kopf wie ein schrumpeliger Bratapfel, der im Glühwein gebadet wurde.

Ein anderer hat einen roten runden Schädel wie eine Christbaumkugel. Der Senf im Bart sieht aus, als wäre die Kugel mit Kerzenwachs bekleckert.

Eine Tasse Glühwein und noch eine Tasse Glühwein, eine Bratwurst, einen Schnaps zur Verdauung und zum guten Schluss noch einen Glühwein. Das erzeugt das weihnachtliche Gefühl, das erzeugt diesen leicht kribbelnden heiligen Schauer. Ein wohliges und ganz gemütliches Gefühl. Am nächsten Morgen wieder ein Gefühl, das nicht wohlig und nicht gemütlich ist. Eine klopfende Enge im Kopf.

Bei einer Flasche Rotwein am Samstagabend im Advent werde ich per Fernsehen durch die „Leise rieselt der Schnee" Welt geleitet. Die männlichen wie die weiblichen Moderatoren präsentieren sich mit sanfter und lebkuchensüßer Stimme in glitzernde Kostüme gekleidet. Kinder und Stars treten auf in weihnachtlichem Ambiente. Im September im Studio aufgezeichnet. Alles ist friedvoll, alles liebt sich, alles ist nur schön. Von fröhlich bis schnulzen- und tränenreich reicht das Repertoire. In dieser heile Welt Inszenierung werden wir mitleidsvoll aufgefordert unseren Geldbeutel zu öffnen, um einen neuen Spendenrekord zu erzielen.

Spiegeln solche Sendungen den Geschmack der Mehrheit wieder?

Spiegeln solche Sendungen die Gefühle der Mehrheit wieder?

Ich sitze vor dem Fernseher und entwickle auch Gefühle. Es sind nicht die Gefühle, die der Zielsetzung dieser Sendung entsprechen. Es sind Schreckensgefühle. Schmerzen empfinde ich, körperliche Schmerzen. Dieses seichte Niveau, dieses geschmacklose zur schaustellen, dieses fürchterliche Playback. Dafür zahle ich öffentlich rechtliche Gebühren? Schmerzensgeld müsste ich bekommen. Dann tue ich etwas und habe danach sofort ein gutes Gefühl: ich betätige den Ausschalter.

Der Rotwein schmeckt mir sofort besser und meine innere Aggression klingt ab. Jetzt bin ich in der Lage und in der Stimmung den anderen Menschen ihre Gefühle zu gönnen, sollen sie doch ihre Sendung genießen. Ich muss es nicht.

Ein wunderbares Lustgefühl ist es für mich, vor dem Betteinstieg, noch einmal in den Keller zu gehen. Dort stehen die Dosen mit den Weihnachtsplätzchen. Ein Gefühl wie bei einem kleinen Diebstahl. Eigentlich sollte ich nicht, aber ein innerer Zwang treibt mich zu diesem Delikt. Ein paar auf die Hand und eines in den Mund. Auf die bohrende und nachforschende Frage „*Wo warst du schon wieder*" antworte ich „*Vor den Feiertagen schmecken sie immer am besten*" und habe bei dieser Antwort ein gutes weihnachtliches Gefühl.

In der Kindheit zu Gast

Stille Nacht heilige Nacht
Gedanken an früher kommen sacht
Zurück zu seiner Kindheit finden
Es war ein anderes Empfinden

Leise rieselt der Schnee
Es roch nach dem gewürzten Tee
Ich spür noch meine kalten Ohren
Nach Schlittenfahren halb erfroren

Ihr Kinderlein kommet oh kommet doch all
Der hellen Kinderstimme Schall
Mit Inbrunst vor dem Lichterbaum
Im weihnachtlich geschmückten Raum

Es ist ein Ros entsprungen
Das ist schon lang verklungen
Es ist kein junges Sprießen mehr
Weihnacht ist gedankenschwer

Oh Tannenbaum oh Tannenbaum
Wo ist er hin der Weihnachtstraum
Der kindlich mich so sehr beglückt
In ferne Erinnerung ist er gerückt

Oh du fröhliche oh du selige
Erinnerung bleibt das Ewige
Die dann mehr und mehr verblasst
Ich war in meiner Kindheit zu Gast

Der Weihnachtsbaum

Ich kaufe in diesem Jahr den Weihnachtsbaum nicht. Mit dieser Aussage glaubte die Hausfrau aus der Verantwortung zu sein, denn sie hatte das Meckern über den Weihnachtsbaum des Vorjahres noch ganz gut in den Ohren. Als es aber am letzten Samstag vor dem Heiligen Abend wieder soweit war, ließ sie sich doch wieder überreden beim Weihnachtsbaumkauf mitzugehen. Warum? Weil der Vater nicht allein gehen wollte und weil er Kopfschmerzen hatte, Migräne, wie er es nannte. Sehr wahrscheinlich war es die Weihnachtsfeier der Fußballer am Abend vorher.

Ein kleiner Baum sollte es sein und, wie die Tochter aufgetragen hatte, buschig musste er sein. Also kam eine Fichte nicht in Frage. Eine schöne Nordmanntanne entsprach den Wünschen an das Aussehen recht gut. Was soll die denn kosten? *„Was, 30 Euro"* Lautstarker Protest der Hausfrau, ein so teurer Baum wird nicht gekauft. Der Vater war nicht bereit mit dem Verantwortlichen um den Preis zu feilschen und letztendlich war ihm der Verkäufer zu doof. Also ging es weiter zum nächsten Verkaufsstand mit einer reichlichen Auswahl. Beim Heraussuchen und Hervorwurschteln der unteren Bäume bemerkten Vater wie Mutter sehr schmerzlich, dass die Handschuhe vergessen wurden.

Nein, der ist zu klein, nein, der ist nicht buschig genug, nein, der rieselt ja jetzt schon. Wie jedes Jahr die gleichen Kommentare.

Vater hatte einen Baum mittlerer Größe mit schlankem Fuß, Mutter eine Edeltanne gleicher Größe aber mit einem unteren Stammdurchmesser eines 15-jährigen Baumes. Dieser Baum hatte natürlich den unschätzbaren Vorteil der genügenden Buschigkeit und er war von Mutter ausgesucht. Der Einwand, es gäbe beim Einstielen in den Ständer Schwierigkeiten, wurde entkräftet mit dem Argument, der Vater könne sich ja mal etwas Mühe geben, und wenn man unten etwas absägt, ist er ja nicht mehr so dick.

Es ging ans Bezahlen, der Baum wurde gemessen und kostete 27 Euro. Der Vater konnte sich das Grinsen nicht verkneifen, er dachte an die Nordmanntanne für 30 Euro mit schlankem Fuß sagte aber wohlweislich nichts. Die Anfrage an die Verkäuferin den Baum unten etwas abzusägen wurde mit dem Zeitargument abgewehrt. Der Baum wurde nach Hause gebracht und im Garten in die Ecke gestellt, natürlich nicht überdacht mit dem Gedanken, dass die Dezembernässe den Baum frisch halten werde.

Heiligabend zu Mittag sollte der Baum in den Ständer gesetzt werden, der ausnahmsweise sofort gefunden wurde. Wie erwartet, der Stammdurchmesser war doppelt so groß wie der Durchmesser des Ständers.

Also Baumdurchmesser verkleinern denn das Absägen hätte keinen Erfolg gebracht, es sei denn, man hätte den Baum auf halber Höhe abgeschnitten.

Allein war dieser Baum nicht zu bearbeiten, also musste der Sohn mithelfen. Hier konnte er seine während der Lehrzeit angewachsene Muskelkraft unter Beweis stellen. Zunächst wurde versucht mit der Fuchsschwanz den Stamm gleichmäßig abzuschrägen. Das feuchte harzige Holz setzte erfolgreichen Widerstand dagegen. Aha, mit der elektrischen Stichsäge geht dies viel leichter. Nach ein paar Minuten war die Säge heiß, das Sägeblatt total verschmiert und der Stamm immer noch genau so dick.

Der Sohn versuchte es noch einmal mit der Fuchsschwanz unter Aufbietung aller Kräfte. Dem Vater kam dabei die biblische Geschichte von Samson in den Sinn, dem die langen Haare riesige Kräfte verliehen. Der Vater betrachtete seinen Sohn mit den schulterlangen Haaren und das Ergebnis nach zehnminütigem Bemühen und konnte danach keinen Bezug zur biblischen Geschichte feststellen. Der Beitrag der Jugend war damit erschöpft und der Sohn betrachtete vom Sofa aus, liegenderweise, die weiteren Bemühungen des Vaters, dessen Kommentare von der gewohnten ironischen Art sich schon leicht in das bösartige gesteigert hatten.

Die schlanken Stämme anderer Bäume wurden beschrieben und Mutter ob ihrer Entscheidung diesen Baum zu nehmen immer heftiger kritisiert.

Überlegungen wurden angestellt, den Baum in einen Plastikeimer zu stellen und mit Steinen zu verfestigen oder noch besser einzuzementieren.

Mittlerweile war es zwei Uhr nachmittags und der Blutdruck aller Beteiligten stieg unerquicklich an, Ausnahme der Sohn. Ihm war es egal, ob Weihnachten ein Baum dastand oder nicht denn Weihnachten ohne einen geschmückten Baum wurde schon in Erwägung gezogen.

Dann kam die Großmutter, Mutters Schwiegermutter. Absägen war ihr erster Kommentar mit den nachfolgenden Erklärungen wer wie und wo in der Verwandtschaft seinen Weihnachtsbaum einstielt. Dass diese Beiträge der Großmutter nicht zur Beruhigung beigetragen haben, bedarf keiner weiteren Erklärung.

Einer der Höhepunkte war dann der Angriff der Großmutter mit der Fuchsschwanzsäge auf den Baum. Dieser wies den Angriff erfolgreich zurück und Großmutter beschwerte sich über den angeblich schlechten Zustand der Säge. Dabei hatte diese zusammen mit dem Vater noch nie kapitulieren müssen. Als dann weitere defätistische Beiträge, unter anderem jetzt auch noch von der Tochter des Hauses kamen, rannte Mutter den Tränen nahe zum Nachbar, der mit seinen umfangreichen und gepflegten Werkzeugbeständen schon des Öfteren ausgeholfen hatte. Axt und Hackklotz waren seine Gaben. Mit denen wurde dem Weihnachtsbaum nun zu Leibe gerückt, zwar weiter mit Mühen aber erfolgreicher.

Stück für Stück wurde rundum abgehackt und der Stamm wurde immer dünner. Da bei dieser Aktion etwas vorwärts ging beteiligte sich auch wieder der Sohn. Ob er beim Erfolg dabei sein wollte oder nur mit der Axt hantieren wollte, weiß kein Mensch.

Endlich nach etwa einer Stunde passte der Stamm in den Ständer. Allgemeines Aufatmen. Problem gelöst. Weihnachten kann jetzt kommen. Denkste! Der Baum wurde aufgestellt und fiel um. Der Baum wurde im Ständer gedreht wieder aufgestellt, der Baum fiel um. Ein drittes Mal wurde die Stellung verändert, ein drittes Mal fiel der Baum um.

Aus der Ferne hörte man Weihnachtslieder und Musik. Waren da schon einige bei der Bescherung und hier steht der Baum noch nicht im Ständer geschweige denn ist er geschmückt? Der Baum fiel auch beim vierten und fünften Versuch um. Mittlerweile hatten sich hinter dem Fenster der Nachbarn gegenüber Gesichter gezeigt, die sich anscheinend über das Drama „Der Weihnachtsbaum und der Ständer" lustig machten. Der Sohn schämte sich und zog sich auf das Sofa in die Liegeposition zurück.

Dann kam die Großmutter mit der Keiltheorie.
„Man muss einen Keil zwischen Baum und Ständer geben"
„Nein der Baum ist schief".
„Nein man muss einen Keil nehmen".
„Ich habe doch gleich gesagt, wir sollen einen Baum mit dünnem Stamm nehmen".

Jeder in der Familie hatte einen Kommentar, aber der Baum blieb nicht im Ständer stehen.

Ist man verzweifelt, muss man mit den Mitmenschen reden. Getreu nach diesem Grundsatz handelnd besprach Mutter das mittlerweile dreieinhalb Stunden dauernde Problem mit ihrer Lieblingsnachbarin. Siehe da die Lösung naht. Da die Nachbarn dieses Jahr Weihnachten in ihrer Ferienwohnung verbringen haben sie dieses Jahr keinen Weihnachtsbaum und folglich einen Ständer übrig, und zwar einen solchen der auch gewichtigere Bäume vertragen kann. Eitel Weihnachtsfreude schien einzukehren aber der letzte Akt des Dramas war noch nicht gespielt.

Der Baum ging widerstandslos in den neuen Ständer. Der Baum fiel nicht um, aber der Baum stand schief. Sofort brachte Großmutter ihr handwerkliches Wissen an. *„Man muss einen Keil einsetzten"*. Sie suchte die Holzreste zusammen, die bei der Bearbeitung mit der Axt entstanden waren, um sie als Keile zu verwenden. Der Vater lag mittlerweile unter dem Baum und versuchte durch mehr oder weniger geschicktes Drehen des Baumes und Verändern der Halteschrauben eine exakte vertikale Haltung des Weihnachtsbaumes zu erreichen. Begleitet wurde dieses durch entsprechende Bemerkungen an jedermann und natürlich ganz besonders an denjenigen, der unbedingt diesen Baum haben wollte. Der Vater war sehr in Rage, da die Stellung unter dem Baum zu liegen und zu hantieren auf Grund seiner fülligen Statur recht unbequem war.

Jetzt kroch die Großmutter unter den Baum mit Keilen und Hammer bewaffnet und fing an eigenmächtig Keile in den Ständer zu klopfen.

Beim zweiten Keil gab es ein Ächzen, ein knarrendes Geräusch und dann fiel der Baum um. Mutter und Tochter hatten leicht feuchten Augen, der Sohn lachte. Die Innenhalterung des Ständers hatte sich auf Grund der ungleichmäßigen Belastung durch Anbringen von Keilen von dem äußeren Topf getrennt.

Der letzte Versuch. Die Halterung wurde vom Baum gelöst und neu in den Topf montiert. Der Baum wurde wieder in den Ständer eingepasst und neu aufgestellt. Keiner regte sich mehr über den nicht geraden Stand auf. Außer Großmutter. Sie wusste aus jahrelanger Erfahrung, was mit einem schief stehenden Baum alles passieren kann, gerade dann, wenn auch noch richtige Kerzen als Beleuchtung verwendet werden.Die Lösung dieses Problems war schnell gefunden. Es war der grüne Bindedraht, der solange unnütz im Keller gelegen war. Der Baum wurde an drei Stellen mit dem Fenster und der Heizung verbunden und konnte somit nicht mehr umfallen. Diese Lösung fand sogar die Zustimmung von Großmutter.

Nach vier Stunden stand der Baum endlich geschmückt im Raum und alle waren zufrieden mit Größe, Buschigkeit und Standfestigkeit.

Weihnachtlich glänzet der Baum
nach dem Drama, es ist wie ein Traum.

Etwas Persönliches

Von der Mutter die Rationalität, vom Vater die Muse. Von der Mutter die praktische Lebenseinstellung, zu sehen, was nützlich und notwendig ist. Vom Vater das Gen des Schreibens und Dichtens.

Es ist nicht immer leicht den Spagat zwischen Ratio und Seele zu beherrschen. Die Flucht vor dem Notwendigen zum Überleben in die Wärmestube der weichen Illusionen ist allzu leicht, doch die Rückkehr in den Alltag ist meistens schmerzlich. Ich habe beides erlebt.

Meine Mutter durfte ich bis zu meinem 68 zigsten Lebensjahr erleben, meinen Vater nur bis zu meinem 7 ten Lebensjahr. Habe ich ihn dann gekannt? Einige Erinnerungsfetzen an ihn sind geblieben.

Geblieben ist auch noch ein Gedicht von ihm, das mir etwas mehr von ihm erschließt. Es ist entstanden in einer sehr schwierigen Zeit nach dem zweiten Weltkrieg. Die junge Familie war getrennt. Ich war bei Onkel, Tante und Cousinen untergebracht. Meine Mutter lag irgendwo in der Ostzone (die damalige sowjetisch besetzte Zone) im Krankenhaus nach einer Lungenoperation. Mein Vater, heute würde man ihn als Betriebswirt bezeichnen, arbeitete als Knecht auf einem Bauernhof. In dieser Zeit soll er dieses Gedicht geschrieben haben.

Jahreswechsel 1948/1949

Alt und schwach wie ein müder Mann
Geht das alte Jahr zu Ende
Ich glaube nicht, dass einer sagen kann
Wenn ich es nur noch halten könnte

Gutes hat es uns nicht gebracht
All unser Hoffen war vergebens
Die Sehnsucht zog uns heim mit Macht
Das war unser Ziel des Strebens

Unser Ruf nach einem gerechten Frieden
Fand kein Gehör bei den Siegermächten
Das Glück hat uns bis jetzt gemieden
Sie wollen uns die Dornenkrone flechten

Fern der Heimat in der Fremde verbannt
Geduldet in Not voll bitterem Leid
Das Herz schreit nach dem Vaterland
Und nach einer glücklichen Zeit

Mitternacht ist es die Glocken erklingen
Ein Jahr vergeht ein Neues bricht an
Oh neues Jahr wirst du uns bringen
Was unser Herz erquicken kann

Wir wünschen uns Jahr aus Jahr ein
Ein glückliches, ein neues Jahr
Doch neues Unheil bricht herein
Viel ärger als das alte war

Ist es des deutschen Volkes Los
Dass es in Not und Elend schmachtet
Herrgott im Himmel sag mir bloß
Hast du auch das für uns erachtet

Trotz aller Not und aller Pein
Begrüßen wir dich neues Jahr
Und flechten unsere Wünsche ein
Dass es besser wird wie's alte war

Silvester Abend 1948 20:00 Uhr

Blickwinkel

Ich sitze in meinem Winkel alpha und blicke in die Welt,
säße ich im Winkel beta würde ich die Welt etwas anders sehen,
säße ich im Winkel gamma wäre meine Weltanschauung wieder anders,
säße ich im Winkel delta .... usw.

Ist es möglich diese unterschiedlichen Blickwinkel auf einen gemeinsamen Nenner zu bringen? Einen Nenner der Gemeinsamkeit heißt und der auch der Vielfältigkeit den größten möglichen Raum lässt?

Diesen Nenner haben wir doch schon, das verbindende Zeichen *„www Punkt"*, das world wide web. Es verbindet und lässt alle möglichen Blickwinkel zu.

Ein anderer und vielleicht besserer Ansatz für dieses Kürzel wäre es als Wissen Werte Würde zu definieren und damit zu befüllen. Mit dem vorhandenen Wissen feste Werte erzeugen und in Würde zusammenleben.

Utopie oder Ziel?

FSC
www.fsc.org

MIX

Papier | Fördert
gute Waldnutzung

FSC® C083411

Zeitfracht Medien GmbH
Ferdinand-Jühlke-Straße 7
99095 Erfurt, Deutschland
produktsicherheit@kolibri360.de